遊びながら英会話のスキルアップ！

マイクラ英会話のすすめ

著者 **遠藤雅義**

注意事項

本書は Minecraft（マインクラフト）の公式書籍ではありません。本書は Minecraft のメーカーである Mojang Studios から承認されたものではなく、Mojang Studios とは一切関係がありません。

Minecraft は Mojang Synergies AB の商標です。また本書中の会社名やサービス名は該当する各社の商標または登録商標です。本文中での TM 表記は省略させていただきます。

本書に掲載している情報は、Minecraft の統合版 1.20 を基本としています。各種データや挙動はアップデートにより変更となる可能性があることをご了承ください。

英会話エクスプレス出版

目　次

●●●●●●●●●●●●●●●●●●●●●●●●●●●●●●●●●●●●●●

はじめに ・・・・・・・・・・・・・・・・・・・・・・・・・ 5

第一章　英会話学習を始める前に知っておくべきこと ・・・・・ 9

　明確な目的は成功確率を上げる ・・・・・・・・・・・ 9
　英会話学習よくある失敗3選 ・・・・・・・ 14

第二章　マイクラ英会話のすすめ ・・・・・・・・・ 23

　好きなことを原動力にする・・・・・・・・・・ 23
　実際のマイクラ英会話 ・・・・・・・・ 24
　マイクラ英会話のメリット3選 ・・・・・・・・ 25

第三章　マイクラ英会話の始め方 ・・・・・・・・・ 41

　オンライン英会話でレッスン予約・・・・・・・・・・ 41
　マイクラのマルチサーバー準備 ・・・・・・・ 43
　レッスン初日にやること ・・・・・・・・ 45

第四章　マイクラ英会話をうまくやるコツ5選 ・・・・・・・・ 59

　1. マイクラに出てくる英単語を覚えておく ・・・・・・ 59
　2. 次のマイクラ英会話で何をするか考える ・・・・・ 60
　3. レコーダー兼自動文字起こしアプリを使う ・・・・・ 61
　4. 復習でうまく言えなかったところを考える ・・・・・・ 64
　5. 言いたいことが英語で言えるようにしておく ・・・・・・・ 66

第五章　マイクラ英会話の問題点と対策・・・・・・・・・・ 79

　マイクラ英会話の問題点 ・・・・・・・・・・ 79
　マイクラ英会話ができないとき何をするか ・・・・・・・・ 81

第六章　子どもと一緒にマイクラ英会話 ・・・・・・・・・・ 87

　　子どもと一緒にマイクラ英会話とは ・・・・・・・・ 87
　　子どもの英会話にプラスだったこと ・・・・・・・・ 88
　　子どもの英会話に期待できないこと ・・・・・・・・ 89
　　親に対するプラス効果 ・・・・・・・・・・・・・・ 89
　　子どもの英会話をメインにしたい場合 ・・・・・・・ 91

第七章　マイクラ英会話 実践記録 ・・・・・・・・・・ 95

　　初回レッスン前 ・・・・・・・・・・・・・・・・・ 97
　　レッスン1週目　2022/09/26-2022/10/02 レッスン6回(2回×3日) ・・・・・ 100
　　レッスン2週目　2022/10/03-2022/10/09 レッスン6回(2回×3日) ・・・・・ 114
　　レッスン3週目　2022/10/10-2022/10/16 レッスン3回(1回×1日、2回×1日) ・・・ 132
　　レッスン4週目　2022/10/17-2022/10/23 レッスン6回(1回×4日、2回×1日) ・・・ 142
　　レッスン5週目　2022/10/24-2022/10/30 レッスン8回(1回×2日、2回×3日) ・・・ 154
　　レッスン6週目　2022/10/31-2022/11/06 レッスン3回(1回×1日、2回×1日) ・・・ 158
　　レッスン7週目　2022/11/07-2022/11/13 レッスン8回(1回×4日、2回×2日) ・・・ 162
　　レッスン8週目　2022/11/14-2022/11/20 レッスン11回(1回×1日、2回×5日) ・・・ 166
　　レッスン9週目　2022/11/21-2022/11/27 レッスン6回(2回×3日) ・・・・・ 169
　　レッスン10週目　2022/11/28-2022/12/04 レッスン8回(2回×4日) ・・・・・ 175
　　レッスン11週目　2022/12/05-2022/12/11 レッスン2回(1回×2日) ・・・・・ 177
　　レッスン12週目　2022/12/12-2022/12/18 レッスン6回(2回×3日) ・・・・・ 179
　　レッスン13週目　2022/12/19-2022/12/25 レッスン6回(2回×3日) ・・・・・ 181

第八章　マイクラ英会話のワンシーン ・・・・・・・・・・ 185

おわりに ・・・・・・・・・・・・・・・・・・・・・ 193

　　参考文献 ・・・・・・・・・・・・・・・・・・・・ 196
　　スペシャルサンクス ・・・・・・・・・・・・・・・ 197
　　もっと学びたい方へ ・・・・・・・・・・・・・・・ 198

はじめに

　本書は題名にもあるように Minecraft ×英会話をおすすめする
ものです。私にとってマイクラ英会話は大変楽しく、英会話のスキ
ルアップにも効果のあるものでした。このような楽しい英会話学習
法をもっと多くの方に知っていただきたいと思って執筆したのがこ
の本になります。

　私のプロフィールを簡単に説明すると、現在 43 歳（1980 年生
まれ）、社会人になってからはほとんどゲームをしなくなっていま
したが、娘がゲームをやるようになってから娘のお付き合いで再び
ゲームをするようになりました。何かにつけていろいろと分析する
のが好きな人間です。

　そんな私のこれまでの英語学習の歩みは次のようになります。

・英会話ができるようになりたくて、2010年から本格的に英語を
　学び始めたものの、なかなかうまくいかず。その過程で、英文法
　の背景にある言語の自然さを探求することにハマり、英文法をイ
　メージで解説する書籍を複数出版してきました。

・元々、学生時代から英語は苦手。高校生のときは数学・国語・社
　会が得意で、英語・理科が苦手という理系・文系のどちらが得意
　なのかはっきりしないような学生でした。

・大学時代に受験したTOEICは515点。2010年から本格的な英会
　話学習を始めて、2年後の2012年にはTOEIC830点に。それで
　も英会話は苦手のままで、TOEICのスコアと実際の英会話力と
　のギャップを痛感していました。

　私は英文法の解説書を出版していることから、英語ができる人と
みなされることが多いのですが、実際の英会話力はこの本を出版し
ている 2024 年時点でもあまりたいしたことはありません。

　このように言うと「英文法にそれほど詳しいのに、どうして英会
話はたいしたことがないの?」と不思議に思われることと思います。
これはサッカーでたとえると、サッカー観戦にハマって、サッカー
の戦術に詳しくなったようなものです。戦術通だからといって実際
のサッカーのプレーもうまいとは限らないというわけですね。

　ただ、これまでも英会話の練習をしてこなかったわけではありま
せん。古くは大学時代に通った英会話教室(これがとても高額でし
た…)から始まり、本格的に英語学習を始めた 2010 年以降もた
びたび英会話教室やオンライン英会話にトライしてきました。でも、
どうにも続かないのです。

　いま振り返ってその理由を考えてみると、英会話教室やオンライ
ン英会話でのレッスンを心から「楽しい」と感じられなかったこと
が原因だと思います。また、日常的には日本語を使って生活してお
り、英会話ができなければ生活していけないような状況でもないた
め、やる気が落ちたら自然とフェードアウトという結果になってし
まっていたのです。

　私のデビュー作である『英会話イメージリンク習得法』では偉そ
うに英会話学習を継続させるコツを述べていたのに、その著者自身
がこの体たらくというわけで本当にお恥ずかしい限りです。

　さて、2022 年まではそんな感じで英会話学習がどうにも続か
ない状況でした。ただ、これでは読者の皆さんに対して不誠実な
ままなので、やっぱりどうにかしないといけないということで

2022年9月から試してみたのが「マイクラ英会話」です。これはMinecraftをプレイしながら、オンライン英会話レッスンを受けるというものです。

　あまり前例もなかったので手探りでのスタートでしたが、レッスン初日から「これは楽しい！」と感じました。それから1年ほどマイクラ英会話を続け、最初の頃が初級だとすれば、中級くらいにはたどりつけたように感じています。ですので、英会話のスキルアップを考えていてマイクラが好きという方には、ぜひマイクラ英会話にトライしてみていただければと思っています。

　本書では、マイクラ英会話をスムーズに始められるように、私の体験を交えながらマイクラ英会話に関する一通りのことを解説しています。

　第一章では、マイクラ英会話以前の話として、英会話学習を始める前に知っておくべきことや日本人がよくやりがちな失敗パターンを3つ取り上げて紹介しています。

　第二章では、第一章の内容を踏まえた上でマイクラ英会話をおすすめする理由を説明しています。また実際に私がマイクラ英会話を試してみて感じたメリットを3つ取り上げています。

　第三章から第五章までは、マイクラ英会話の始め方からうまくやるためのコツ、さらに現状の問題点とその対策方法についても解説しています。

　第六章では、子どもと一緒にやるマイクラ英会話について取り上げています。本書は基本的に大人向けのマイクラ英会話解説本であり、子どもの英会話学習をメインとはしていませんが、子どもと一緒にマイクラ英会話をやることは可能です。そのあたりについて解

説しています。

　第七章は、私のマイクラ英会話実践記録です。実際にマイクラ英会話をスタートさせた 2022 年 9 月下旬から 2022 年 12 月までの 3 か月間に私が考えたことや実際の予習・復習のメモなどを公開しています。決して順風満帆とは言えない内容になっていますが、皆さんがマイクラ英会話にトライされる際の参考になれば幸いです。

　第八章は、マイクラ英会話のワンシーンをスクリプト化（＝シナリオストーリーのように原稿化）しました。私、娘、講師の 3 人でマイクラの古代都市を探索したときのやりとりを文字起こししています。どれほど「マイクラ英会話は楽しい」と言っても、実際どんな感じなのかはわかりにくいと思いますので、その一端が少しでも伝われば幸いです。

本書の構成 Coffee Break について ━━━━━

　本書では、節目ごとに Coffee Break のコーナーを設けています。Coffee Break に登場するのは、著者の遠藤とアシスタントの今井くんです。今井くんは大学時代にネイティブと交遊があったので、日常会話には不自由しないレベルで英語が話せます。ただ、学校で習う英語は嫌いで、実践で英会話を学んでいった経歴の持ち主です。本書でも、そのような立場から意見を述べてもらっています。

第一章　英会話学習を始める前に知っておくべきこと

マイクラ英会話以前の話として、英会話学習がうまくいく人とうまくいかない人の違いは何なのでしょうか？この章では「明確な目的」をテーマに取り上げて解説していきます。

明確な目的は成功確率を上げる

先に結論から述べると、明確な目的があるかどうかは英会話学習を軌道に乗せるにあたって、とても重要なポイントになります。

本書をお読みいただいている皆さんは、英会話学習をうまく軌道に乗せたいと思っておられることでしょう。そうであれば、次の質問について少し考えてみてください。

あなたはどうして英語を話せるようになりたいのですか？

………
……
…

　たとえば

・海外でデザインの仕事がしたいから
・ゲームの世界大会に出場したいから
・仕事で海外の取引先と交渉する必要があるから

　このような明確な目的がある方は、とてもラッキーです。これだけで成功確率がぐっと上がるからです。

　しかし、私の体感ですが、明確な目的をもっているのは全体の中で5%くらいの方ではないかと思います。要するに、それ以外の95%の方々は、ここまで明確な目的はもっていないだろうというわけです。

　たとえば

・将来、英語は必要だと思うから
・外国人に道案内できるようになりたいから
・海外旅行に行ったときに困りたくないから

　これは明確な目的というよりは漠然とした不安や憧れというべきものです。そして、このような不安や憧れで英会話学習を始めた場合は、途中で挫折してしまうパターンが多いと私は考えています。

　偉そうに言っていますが、私自身、明確な目的をもたずに英会話学習を始めた人間であり、そのせいでたくさん苦労してきました。皆さんには私のように余計な苦労をしないで、英会話学習を軌道に乗せていってもらえればと思っています。

海外旅行は明確な目的にならないの？

今井　この「外国人に道案内できるようになりたい」とか「海外旅行」とかって結構ありがちだと思いますが、これらはあまり明確ではないということですか？

遠藤　これらを明確な目的とするかどうかについての質問ですね。まず前提として、目的があれば良い・目的がなければダメというものではありません。大切なことは、その目的が日々の学習にきちんと落とし込まれているかどうかなのです。

　たとえば、海外旅行でハワイに行くのであれば、自分が行くその旅行をしっかりイメージして、それに沿った内容を学習していけるかどうか。具体的に言えば、現地で自分が使いそうな表現を学んでいくこと。このように毎日学ぶ内容を目的に沿ったものに落とし込めるかどうかが重要なのです。

　その目的が日々の学習と結びついている場合は「明確な目的である」と言えますが、そうでない場合は「明確な目的ではない」となるわけです。

今井　なるほど。目標が日々の学習に落とし込まれているかどうかが重要なんですね。

尖っているからこそ汎用性がある

今井　しかし、話を聞いていて思ったのですが、学校で習った英語ってテーマとしてフワッとしていましたよね。なんとなく、あれこそ「明確な目的」と結びついていない学習の最たるものではないかと。

遠藤　うーん。目的意識をしっかりもっている人であれば、教科書の内容を自分と結びつけて吸収していくことができると思います。ただ、多くの学生さんにとっては、自分と縁遠いものになってしまっていると思いますね。

今井　僕らって、英語と言えば学校で習うのが最初でしたし、あの内容やスタイルが当たり前だと思っているので、それ以外の方法とかあまり思いつかないんですよね。僕自身、いまだから学校の英語ってフワッとしているなぁとわかりますが、当時はそういうものだとしか思わなかったですもん。

遠藤　そうですね。学校英語の影響は大きくて、大人になっても同じようなやり方を繰り返してしまう、ということは言えると思います。たとえば、英語の勉強をしよう！となったときに、分厚い英文法の参考書や中学校で習う英単語帳を買ってきて、頭から全部覚えていこうとしてしまいがちです。

今井　それはあるあるですね。僕のところに「英会話をやりたいんだけど、アドバイスくれない？」って相談にくる人に「どんなので勉強しているの？」って聞いてみると、まさに遠藤さんが言うような「誰にでも当たるような参考書」を挙げる人が多いんですよね。

　そういうとき、僕は「もっと尖っているものを使ったほうがいいですよ」って言うのですが、たいてい「尖ってると汎用性がないでしょ」って言われてしまうんです。でも、僕の経験からすると、尖っていても汎用性はあるし、何だったら「尖っているからこそ汎用性がある」とさえ思っているんです。

　自分語りになってしまいますが、僕の場合は大学生の頃に、海外のある武術がやりたくて、海外のインストラクターとコミュニケー

ションをとるために英会話を勉強し始めたんです。

　武術で使う英語なんていうと punch とか kick とか、そういう言葉だけを覚えればいいんじゃないの？って思われがちですけど、実際は全然そんなことなくてですね…。最初はその程度でいいかもしれないけど、やればやるほど伝える内容が徐々に深くなっていくんですよね。

　やっていくうちに、いろんなことを伝えたくなるし、伝えなきゃいけなくなるから、結果的にそれでしゃべれるようになっていったんです。入り口は本当に狭い世界に見えるかもしれないんですけれど、入っていくに従って世界が広がっていくっていうのが本当にあるんです。

　当然、その武術の英会話に特化すると、一般的には使わないような単語や表現とかも覚えていくってことはあったんですけど、インストラクターとのコミュニケーションは内容が尖っているからこそやりやすかったという気もします。

　なので「明確な目的」に話を戻すと、例として挙がっていた「ゲームの世界大会に出場したい」とかも、もっと詳しく言ってもいいと思います。たとえば「来年の Fortnite の世界大会で優勝したい」とか、それぐらい具体的なところまで言ってしまってもいいと思いますね。

遠藤　そうですね。この「ゲームの世界大会に出場したい」という目的も、具体的に何のゲームなのか特定されているべきですよね。他の「海外でデザインの仕事がしたい」という目的も、自分が得意としているデザインの分野がどこなのか範囲が決められるはずです。

　その範囲をちゃんと決めることが大事です。範囲を決めると、最初は入り口が狭くて汎用性がないように感じるかもしれないですが、そこから世界が広がっていくので、安心して突き進んでほしいですね。これが成功確率を上げるための重要なポイントだと思っています。

英会話学習よくある失敗３選

　日本人の英会話学習でよくある失敗を３つ取り上げて解説します。事前に見通せるものは見通して、英会話学習をうまく軌道に乗せましょう。

　今回、取り上げる３つの失敗パターンは次の通りです。

1.　範囲を限定しない
2.　英会話レッスンを始めない
3.　正しさにとらわれてしまう

範囲を限定しないがゆえに失敗してしまう ━━━━━

　今回、私が最も強調したいよくある失敗は「範囲を限定しないこと」です。範囲を限定しないとは、たとえば次のようなことです。

・英文法書を買ってきて全て覚えようとする
・英単語帳を買ってきて全て覚えようとする

　私の実体験ですが、英語の勉強をするぞ！と決心するたびに新しい英文法の参考書や英単語帳が本棚に増えていきます。でも、だいたい最後までやり終えることはなく、本棚の肥やしになっていってしまうんですよね。

私はさきほど「明確な目的は成功確率を上げる」と言いました。しかし、なぜ明確な目的があれば成功確率が上がるのでしょうか。…その理由は、明確な目的があれば範囲が限定されやすいからです。

　たとえば、あなたがあるゲームの世界大会に出場したいと思ったなら、まず最初にやるべきは、そのゲームで使う英単語を覚えることですよね。

　海外でデザインの仕事をしたいのであれば、デザイン関連の英単語を覚えていくことになるでしょうし、いま勤めている会社で海外の取引先と交渉する必要があるのであれば、業務内容に関連した英単語を覚えていくことになるはずです。

　要するに「範囲が限定できる」とは、覚えるべきことの取捨選択ができる・優先順位がつけられるようになると言い換えてもかまいません。

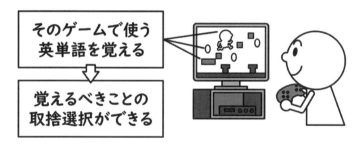

　わかりやすい例として英単語のほうで解説をしましたが、英文法でも同じです。細かいルールを覚えたところで使うあてがなければ、無用の長物です。もちろん程度問題はあります。まるっきり文法の知識ゼロでかまわないという意味で言っているのではありません。

　私が言いたいのは、英文法書の内容を全て覚えるまでは次のステップに進もうとしない、そういう姿勢だと結局は失敗する可能性が高いですよ、ということです。

　具体的には、事前の英文法学習は中学英語をざっくりおさえるくらいでひとまず良しとして、そこまでいったらなるべくはやく「実践」に移って、実践をしながら細かいところをつぶしていくほうがより成功確率が上がるのではないかと思っています。

英会話レッスンを始めないがゆえに失敗してしまう ──

　英語が話せるようになりたいのに、なかなか英会話レッスンをやり始めようとしない。冷静に考えたら矛盾している行為ですが、私もバリバリそのような人間だったので、気持ちはよくわかります。

　やはり英文法や英単語がある程度できるようになるまでは、始めたくないものですよね。しかし、当たり前の話ですが、英会話をする機会を設けていなければ、英語が話せるようにはなりません。だから、英会話レッスンは避けて通ることはできない道なのです。

　もちろんレッスンで相手の話が聞きとれなかったり、自分が言いたいことが言えなかったりすることは普通に発生します。これはある程度上達しても発生するので、そういうものだと割り切るしかないのですが、精神論だけで乗り越えるのは難しいこともありますよね。そんなときのために、次の章以降で英会話レッスンでのちょっとした工夫などもお伝えしていければと思っています。

正しさにとらわれてしまうがゆえに失敗してしまう ──

　最後のよくある失敗「正しさにとらわれてしまう」とは、たとえば次のようなことです。

・正しい表現にとらわれる
・正しい発音にとらわれる

皆さんもこれまでに「ネイティブが絶対に使わない英語表現」とか「その発音、ネイティブにはこう聞こえています」といった類のキャッチフレーズを見かけたことはないでしょうか。

　私も著者業をやっているので、こういうキャッチフレーズを使えば注目を集めることができるのはよくわかっているのですが、この類の本が流行るのは、正直微妙だなと思っています。

　そもそも英語は相手に何かを伝えるための道具でしかありません。そのため、最も重要なことはその英語が正しいかどうかではなく、相手に意図が伝わるかどうかです。

　相手に意図が伝わっているのであれば、それでとりあえずは OK なのです。意図がもっと伝わりやすい、誤解されにくい表現にブラッシュアップしていくのは、その次に考えるべきことというわけですね。

　そして、この「正しさにとらわれる」というのは往々にして日本人がいる場で英語を使ったときに出てきやすい問題だと思っています。

　要するに英語を一生懸命話している人に対して「あー、この人の発音はまだまだだな」とか「そういうときは、この表現が正しいのにね」のように評価してしまう日本人の方が多いということです。

　しかし、このような評価にさらされると、英語を話すことに対して萎縮するようになってしまいます。間違ったら恥ずかしいから何も話さないでやり過ごすようになってしまうわけです。

　もちろん、これは全体の雰囲気がそうさせているという側面もあるので、一個人が直せるようなものではありません。ただ、この本を読んでくださっている皆さんには他人の英語を評価したりせず、英語を使うことに前向きな雰囲気になるようにご協力をいただけたら、とても嬉しいなと思っています。

☕ Coffee Break

今井　英会話学習が続かないのって、だいたいこの３つ「範囲を限定しない」「英会話レッスンを始めない」「正しさにとらわれてしまう」のどれかが当てはまっているからだと思いますね。

遠藤　そうですね。その中でも「範囲を限定する」ことについては、強く意識しておいてほしいなと思っています。どうしても放っておくと、大は小を兼ねるじゃないですけれど、範囲を広く取ろうとしてしまいがちだからですね。

　また今井くんの事例で恐縮ですが、今井くんが英会話を始めたきっかけって海外の武術を学びたいとなったときに、その武術の解説が英語しかなくて、どうしても英語を学んでいかざるをえなかっ

たからでしたよね。

今井　はい、そうです。

遠藤　そのとき今井くんはその武術に関係している範囲の英語を学んでいったと思うんです。なので、無駄な英単語というのはなかったと思います。たとえば、その武術の解説動画などで動きの説明をしている、その一言一句がすごく重要であって、そこに出てくる英単語は全て理解できるようにしたいって思ったはずなんです。

　英会話学習をしようと思う人がこれと同じくらいの熱量をもって英会話学習に当たったら、絶対とは言えないまでもおそらく成功するだろうなって思うんです。

　でも、多くの方はそこまで熱を入れられるような明確な目標はもっていないと思うんですよね。だから、逆に広い範囲をカバーしているような教材を選んでしまいがちになるんだと思います。

今井　僕が海外のある武術をやりたくて英語を勉強し始めたって話ですけども、まさにその通りで、言いたいこと全て自分がこれから使うことだったので、僕の中では汎用性がすごく高かったんですよね。

　その武術を習い始めた頃、僕は「相手を一撃で倒すためのパンチ」にものすごくこだわっていたんですよ。相手の筋肉を通過して、相手の内部にダメージを入れて一撃で倒すパンチっていうのがあるんです。

　そのパンチをどうしても打てるようになりたくて。そうすると、インストラクターに聞くときにも、どういう表現で聞かなくちゃいけないのかすごく考えるんですよね。heavy punch だと、ただ

の重いパンチで終わっちゃう。power through the body なのか、impact through the muscle になるのかな？っていろいろ考えるんです。

　他にも練習の中で「こういう姿勢で打ったら相手が倒れない。どうすればいいんだろう？」って聞きたいとき、「相手がこの姿勢で」ってどう言えばいいんだとか、やっぱりいっぱい考えるわけです。

　そうしていくうちにどう言えば相手にうまく伝わるのか、うまい言い方がだんだんと身についてくるんですよね。これって皆さんが想像している「いろんなところで使える英語ができるようになる」っていうことで。

　なので「どう言えばいいのか考える」ってめちゃめちゃ重要だと思っているんです。で、そんな感じで前のめりに考えるためにも、範囲を限定しておくっていうのは必要なことだと思います。

遠藤　そうですね。この「範囲を限定する」は気づきにくいことだと思うので、意識しておいてほしいですね。

今井　あと、最後の「正しさにとらわれてしまう」ですけれど、僕の性格もあってか「今井くんみたいな英語が話せる人って、話せない人のことを小馬鹿にしてたりするんでしょ？」ってたまに言われるんです。

　でも、実際は全然そんなことはなくてですね。むしろ、英語が苦手な人が話している英語表現に対して、「どういう意味かな？」とか「自分が使えそうな表現はあるかな？」みたいな感じで考えているんです。「その言い方、ダサいな」みたいには、まるっきり思わないです。

遠藤 なんとなく「小馬鹿にされているんじゃないか」って感じてしまうのも理解はできます。でも、そういうことを考えているときって、表面的なところに意識がいってしまっているんですよね。

　話している内容に意識がいっていない。つまり、会話に集中できていなくて、自分がどう見られているのか、その外面が気になってしまっているわけです。

　また、自分は気にしていなくても相手が気にしていたら、同じような思考に引きずられてしまうということもあると思います。そういう意味で、自分だけでは解決できない部分もありますが、これを読んでいただいている皆さんには、なるべく英会話の内容に集中するようにしていただけたらと思っています。

第二章　マイクラ英会話のすすめ

　第一章の内容を踏まえた上で、マイクラ好きの方におすすめしたいのがマイクラ英会話。実際どういうものなのか、どんなメリットがあるのかをお伝えします。

好きなことを原動力にする

　これまで本書では「明確な目的は英会話学習の成功確率を上げる」と述べてきました。しかし、そうなると「明確な目的がなかったらダメなのか？」と思った方もいらっしゃると思います。

　結論から言うと、そんなことはありません。「明確な目的」がないならば、代わりに「好きなこと」を原動力にすればよいのです。

　ここまでで明確な目的があれば学ぶべき範囲を限定しやすくなるメリットがあること、そしてこの「範囲を限定すること」が重要なポイントであることをお伝えしてきました。

　いま挙げた「好きなこと」にフォーカスを当てるということは、自然と学ぶべき範囲を限定することにつながります。そうすることで、日本人が陥りがちな「英文法や英単語を全て学んでいこうとする」といった失敗パターンを回避できるようになるわけです。

さて、人それぞれ「好きなこと」は異なるわけですが、今回は私がおすすめする「Minecraft ×英会話」を例に挙げて、具体的にどのような感じで進めていけばよいのか、どんなメリットがあるのか、などを説明していきたいと思います。

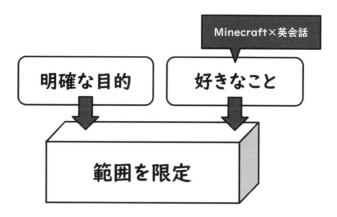

実際のマイクラ英会話

マイクラ英会話とは実際どういうものなのかについては、私のマイクラ英会話を収録した動画を見てもらうのが早いと思います。1分程度の切り抜き動画になりますが、以下の QR コードもしくはURL から再生してみてください。

※なお、私のマイクラ英会話は、オンライン英会話の講師とフリートークレッスンの枠を使って、マイクラでサバイバル生活を送るというものです。ちゃんとしたカリキュラムが組まれているものではないので、その点はご了承ください。

マイクラ英会話のすすめ Minecraft Playing Movie - YouTube
https://www.youtube.com/watch?v=db7SSCRjCFA

マイクラをプレイしたことがある方であればわかると思いますが、友達や家族とマルチプレイしていたものが、相手が英会話講師に置き換わって、使う言葉が英語になっただけのものです。つまり、マイクラ自体はいつもと同じようにプレイすればよいというわけです。

　マイクラ英会話がどういうものなのかざっくり把握していただいたところで、マイクラ英会話の何がよいのか、そのメリットを3つ取り上げて説明していきたいと思います。

■ マイクラ英会話のメリット3選

1. 自分ごとの英語表現を積み上げられる
2. 人間味のあるやりとりができる
3. 楽しいから続けられる

自分ごとの英語表現を積み上げられる ────────

　英会話学習で大切なことは自分ごとの英語表現を積み上げられるかどうかです。自分らしい英語表現、自分と関わりの深い表現といってもいいでしょう。

　さきほどの動画で、私は「Are you ready to go out?」と言っています。相手が英会話講師なので英語を使っていますが、もし相手が日本人だったら「準備できた？」と同じような内容の日本語を使うでしょう。

　私という人間は同じなのですから、ある意味当たり前のことです。そういう私個人に大きく依存している、私がよく言いそうなことを英語ではどう言えばよいか、それを積み上げていくことが重要にな

るわけです。

　つまり、一般的な参考書や教材などから学んでいくのが「教材ファースト」だとすれば、マイクラ英会話では私がよく使う表現を英語化していく「私ファースト」で進めていくことができるわけです。

私がよく言いそうなことを
英語ではどう言えばよいか。
→「私ファースト」

人間味のあるやりとりができる ━━━━━━━━━

　普通の英会話レッスンでは、相手は先生・こちらは生徒という役割から外れることはあまりないと思います。しかし、マイクラ英会話では先生・生徒の関係を超えて、一緒にプレイする仲間・友達のような感じになります。

先生と生徒　　　　仲間・友達

　一緒にプレイするからこそわかることもあります。その代表例が相手の性格です。たとえば、さきほどの動画に出てきた講師であれば「あまり最前線には立ちたがらないけれど、仲間が攻撃されたりしていたらすぐに駆けつけて助けてくれる」とか、「意外と勇気がある」ということが一緒にプレイしているとわかってきたりします。

普段は後ろに隠れ気味
だけど、いざというとき
は頼りになる。

講師 A

　他にも、別の講師の方ですが、こちらが「ちょっと待ってて」と
言っているのに、1人で洞窟に突っ込んでいって迷子になってしま
うとか、勝手に進んでいったと思ったら強い敵を連れてきてしまう
とか。こう言うと「迷惑なやつ」と感じるかもしれませんが、実際
は一緒に大笑いしながらプレイしていたりします。

勝手に進んでいった
と思ったら、強い敵を
連れてきてしまう。

講師 B

　こういうことは普通の英会話レッスンではなかなか味わえないで
すよね。先生と生徒という役割を超えて、お互い人間としてやりと
りをすることができる。多くの方が英語を学ぶことで得たい経験と
いうのは、こういう人間味のあるやりとりだったりするのではない
でしょうか。それがマイクラ英会話で得られるのであれば、それは
もう素晴らしいことですよね。

楽しいから続けられる ━━━━━━━━━━━━━━━━━

　私にとってマイクラ英会話は、とても楽しいものです。以下の画
像は私のレッスン履歴ですが、3か月で82レッスン受けていたよ
うです。1レッスンあたり25分なので、約34時間ですね。

3か月で合計82レッスン

　結構な時間をレッスンに使っていたわけですが、やりたくない
なぁと思ったことは一度もありません。なぜなら英会話レッスンを
している感じではなく、普通にマイクラで遊んでいるだけの感覚だ
からです。

レッスンというより　　　遊んでいるだけ

　もちろん、マイクラ英会話でも疲れはしますが、しばらくしたら
「次は何をしようかな?」と考えだしてしまいます。それくらい私
にとってマイクラ英会話は楽しいということですね。

疲れはするけど　　　考えだしてしまう

　英会話学習は続けられれば、それだけで大成功という側面もあり
ます。マイクラ英会話は、この「継続」という観点でも、とても効
果的なものだと思っています。

☕ Coffee Break

講師はどこで見つけた？

今井　このマイクラを一緒にプレイしてくれている方は英会話講師として見つけたということですか？

遠藤　そうですね。私の場合はオンライン英会話サービスのレアジョブを使っているんですが、そのレアジョブの講師の方です。趣味の欄に Minecraft と記載してある講師を検索して、その中から選んだわけです。もちろん、相手の方はマイクラをするつもりなんてないので、最初のレッスンで「一緒にマイクラをやりながら英会話のレッスンを受けさせてもらえませんか？」と打診するわけですね。

今井　向こうからすると、遊びながらお金がもらえるみたいな話なわけですよね。

遠藤　そうですね。これまで私は2人の方とマイクラ英会話をやりましたが、2人ともやっぱり最初はびっくりしていましたね。ただ、最初はびっくりするんですけれども、それ以降は特に問題なく「今日もやる？」みたいな感じになりますよ。

今井　いいですね。本当に友達とゲームをするみたいな感じですね。

遠藤　そうですね。友達と時間を決めてゲームするような感覚ですね。

今井　でも、講師の方が驚くってことは「楽しみながら勉強する」という考え方が一般的ではないことの証拠でもありますよね。

遠藤　やはり、普通の英会話レッスンは準備されているテキストに従って進めていくか、もしくはフリートークで自己紹介などを練習

するといったようなものだと思うので、一緒にゲームをするというのはほとんどないと思いますね。

好きなことは継続しやすい

今井　何度か話題に挙げていますが、元々僕は海外の武術をマスターしたくて英語を勉強し始めたんですよね。僕にとっては英会話ができるようになることが目的ではなかったので、英語でやりとりをすることがそこまでしんどくなかったんです。

　たぶん、英語で話をしなきゃいけないってなると、しんどいと感じる方が多いと思うんです。そういうしんどさが積み重なって、英会話を続けられなくなったという方はたくさんいると思います。

　でも、それって英会話が目的になっているから、そういうふうに感じやすいのであって、今回のマイクラのような「好きなことをやっているんだ」って感覚が強かったら、そんなにしんどい思いをせずに続けられるんじゃないかって、自分の経験からしてもそう思いました。

遠藤　そうですよね。英会話をやらなきゃいけないってなると、やっぱり基本的に苦手なものをやるわけですから、毎回かなりのエネルギーが必要になるんですよね。

　そのハードルを越えさせてくれるようなエネルギー源をもっていないと厳しいわけで。好きなことを原動力にすると、ちょっと嫌だなと思うものも乗り越えやすくなるとは思います。

苦労しなくてはいけないという思い込み

今井　僕が大学生の頃に、同級生の友人たちが「英会話をやろ

う！」ってなって、テキストを用意して真面目にやっていたんですけど、みんなうまくいかなくて諦めてしまったってことがあったんです。

　それに対して、僕は武術をやることがメインで、英会話はあまり真面目に取り組んでいなかったんですけど、その武術をやり続けたおかげで英語もやり続けることになって、結果的に僕はそれなりに英会話ができるようになっていったんですよね。

　それで、それからしばらく経った頃に、そのグループの一人に「あのとき、自分はあんなに苦労してダメだったのに、好きなことばっかりやっていたお前が英会話できるようになっていてズルいよなぁ」って言われたんです。

　もちろん本気のトーンではなく半分冗談交じりだったので、「へへっ、すまねえな」って言って、その場は流したんですけど…。でも、これって「苦労しないと英会話はできるようにならないはず」という考えが前提にあるんじゃないかなと思うんですよね。

　そんで、この「苦労しないといけない」って考えですけど、僕は単なる思い込みだと思うんです。実際はそんなことなくって、楽しみながらマスターすることは普通にできるし、むしろ楽しみながらやったほうが精神衛生上も絶対いいと思ってるんです。

遠藤　その「真面目に取り組んだ」っていうのは、学校で習った英語教育の延長線上で頑張ったんだと思うんです。つまり、その用意したという教材を頭から全て覚えていこうとしたんだと思います。

　でも、自分にとって関係があるのかどうかわからないものを無理やり詰め込んでいくのってしんどいですよね。いつになったら終わるのか、どこまでやればいいのかもわからない…。

　そんな大変な思いをして頑張っているのに、いざ外国人の方を目の前にすると何もしゃべれない…。そうなると「全然ダメじゃないか、もう嫌だ」となってしまっても、そりゃあ仕方ないですよね。

今井　頑張ったら頑張った分だけ、ちゃんと身についてほしいですよね。僕はテキストを用意して真面目に勉強するようなことはしなかったんですが、常に「何か面白い表現はないかなぁ」って感じでアンテナは立てていました。

　当時、僕はその武術を一緒にやっていたネイティブの友人と戦争ゲームをよくやっていたんです。で、それとは別に僕は戦争映画を見るのも大好きだったんです。それで、戦争映画の中で良さげなセリフを見つけて、戦争ゲームのときに使ってみるってことをやっていました。

On your feet, solder!（さぁ立つんだ、兵士！）
Let's do this, marines.（海兵隊、やっちまおうぜ）

　別に、その戦争ゲームでは自分たちは海兵隊でも何でもないんですけども、こういうセリフを言うと友人のネイティブが笑うんですよね。

　言うならば「お前、わかってるな」みたいな感じですね。もちろん、まったくウケないこともありましたけど…。そういう気の利いたセリフを言うように意識していたこともあって、だいたい楽しくやっていましたね。

遠藤　そうですね。極端なことを言えば、ネイティブと一緒にゲームしている間、英語がほとんど話せなくても、一緒に楽しくプレイできたのであれば大成功だと思うんです。

マイクラ英会話で言えば、一緒にマイクラをちゃんとプレイできて、お互い楽しかったねって思えるのであれば、英語力が高かろうが低かろうが、それで OK だと思うんですよね。

　だから、今井くんのように面白そうな表現を仕入れて、実際に使ってみて笑いが取れるって、成功体験以外の何物でもないと思うので、すごくいいことだと思います。

ゲームはテンポよく話を進められる

今井　そういえば、英語を話す以前の問題として、ネイティブを目の前にすると緊張して話せないってことがあると思うんです。

　もちろん、人見知りのような性格に由来している部分もあるとは思うんですが、僕としては、これって変に時間があるからだとも思っているんです。

遠藤　時間がある？

今井　はい。これは時間がない場合で考えるとわかりやすいと思います。ゲームで「やばい、敵が来た！」ってときは、どうやっても何か言わなきゃって感じになりますよね。

　相手がネイティブだからとか、正しい文法とか考えている暇がないので、とりあえず "Enemy, Enemy!" って言うみたいに。

遠藤　あー、なるほど。ゲームだとテンポよく話をしなきゃいけなくなりますからね。

　英会話を目的とすると正しい英語表現を使わないといけないって

なりますけど、一緒にゲームをすることが目的だと、どういう手段でもいいから相手に伝えることが重要になってきますもんね。

今井　一般的な対面での英会話だと、間が空いてもネイティブは待ってくれるから、逆にいろいろと考えてしまうんですよね。

　でも、それって日本人にとってはすごいストレスだと思うんです。そして、そういうストレスの蓄積が、「もうやりたくない」って気持ちにつながっているんじゃないかと思っているんです。

遠藤　日本人に限らないと思いますが、沈黙があるとやっぱり緊張してきますよね。特に英会話レッスンだと相手が待ってくれるので、より一層ストレスを感じやすいと思います。

　それがマイクラ英会話だと、そのあたり楽になるんですよね。というのも、こちらが何か言いたくて考えているときに、相手は羊に餌やりをしたりとか、畑を耕したりとかできるからです。

　たとえるなら、普通の英会話レッスンはお互いに矢印が向かい合ってしまうようなところ、マイクラ英会話だと別のところに矢印がいってくれるような感じになるんですよね。だから、あまり緊張しないですむし、間がもつ。そういうメリットはあると思います。

今井　そうですね。ゲームだと、相手を待たせているとか心配しなくていい。なぜなら、相手も何かやらなきゃいけないことがたくさんあるからってことですよね。

　僕らが英会話をやるときに、ついつい気を使ったりしてストレスになってしまうような部分をゲームが解決してくれるという意味で、ゲームは本当に良い解決策だなと思います。

ゲームだと人間同士の付き合いができる

今井　一緒にゲームをやっていると、相手を1人の人間として認識できるようになるっていうのも、大きなメリットですよね。

　英会話を勉強としてやると、向こうも講師としての役割をやらなくてはいけなくなるので、お互いに距離をとったやりとりになりますけど、一緒にゲームとなると垣根を越えて、その人のパーソナリティが前面に出てくる。

　それって人間同士の付き合いだといっても差し支えないと思うのですが、そういう関係をつくれたら、それこそ長く続けられることにつながりますよね。

遠藤　本当にそうですよね。このパーソナリティという観点で言えば、「一緒に遊ぶ」ということが重要だと思うんです。

　子どもの頃を思い出してほしいのですが、一緒に鬼ごっことかしたら「こいつ、こういうやつだな」ってわかってくるじゃないですか。どこかに隠れて逃げ回るやつもいれば、鬼を挑発するやつもいるみたいなね。そういうのって一緒に遊ぶからこそわかる部分だと思うんです。

　多くの方にとって英会話を学ぶ目的というのは、他の英語話者とコミュニケーションをとりたい、ということだと思うんです。それも無機質な情報のやりとりではなく、感情のようなものをやりとりしたい、ということだと思うんです。

　なので、そういう観点で言えば、一緒に遊ぶほうがそういう目的に対して直接アプローチすることになるので成果をつかみやすいと思います。

英語で返すことに慣れる

遠藤　私がマイクラ英会話について説明をすると、「それでできるようになる英会話って、マイクラでしか通用しないんじゃないの？」と言われることがあります。もちろんマイクラという範囲に絞るわけなので、そういう懸念が生じるのは自然なことだとは思います。

　でも、私の経験で恐縮なのですが、マイクラ英会話をやっていると現実世界でも普通に英語が出せるようになるんですよね。たとえば、突然外国人の方に道を聞かれたとしても自然と応対できるだろうな、と思えるようになるんです。

　これは、マイクラ英会話を通じて、自分ごとの英語表現を積み重ねられた結果だとも思いますし、英語で返すことに慣れたという部分でもあると思います。

今井　速攻で反応できるようになるっていうのは間違いないと思いますね。さっきも言いましたが、ゲームをしているとゆっくりしている暇がないから「何か言わなきゃいけない」がいい意味で癖になるんだと思います。

遠藤　そうですね。とりあえず英語で返答することに慣れていきますよね。もちろん、私自身よく使う英語表現があって、それを口に出しているだけではありますが。

　たとえば、相手のセリフが聞きとれなかったら Could you say that again? が口から出てきます。それでも聞きとれなかったら Can I repeat your saying? You said " 〜 ." と相手のセリフで聞きとれたところを繰り返して、聞きとれなかったところが相手に伝わるようにするとか。

こういう表現を自分の中に落とし込めていたら、急場はしのげるようになるから慌てなくてすむようにもなるんですよね。

今井　本当におっしゃる通りで、よく教科書でネイティブに道を聞かれて、道順をスラスラ答えるシチュエーションがあったりしますけど、そんな教科書通りになるなんてことないですからね。

　わからないことだらけの中でも何とかしていく経験を積んで、そういうときに使う英語表現をたくさん身につけておいたほうが絶対いいと思います。

教材ファーストだとズレが発生する

今井　いろいろと話をしてきて、改めてゲームって英会話を練習するのにすごくいい道具だと感じました。

　僕が受験浪人をしていたときに、予備校の英語講師が「洋画をDVDで何度も繰り返し見て、セリフを覚えるといいよ」と言ってたんですが、その学習法も当時の私にとっては革命的だったんですよね。映画を見ながら英語が勉強できるの？って。

　それがゲームであればネイティブと一緒に遊びながら英会話が練習できるって、本当に何も損するところがないなって思いました。

遠藤　私も大学４年の頃に『美女と野獣』というディズニーアニメの英語版DVDを借りて、何度も繰り返し見て覚えようとしたことがあります。

　ただ、私の場合はちょっとうまくいかなかったんですよね。数日間は覚えてられるんですが、日常生活で使うところがないので抜け

ていってしまうんです。

　あと当たり前ですが、私は『美女と野獣』に出てくる登場人物とキャラが違いすぎたってところもあります。自分が使いそうにないセリフはいくら覚えようとしても身につかないってことですね。

今井　そういう意味で言えば、自分にとって身近なもので勉強していくのが一番実用的なんでしょうね。

遠藤　そうですね。教材ファーストでやると、どうしても自分自身とズレる部分は出てくると思います。そういうズレが大きければ大きいほど、モチベーションは下がっていってしまいますしね。

　あっ、これは「教材を使うのがよくない」って意味ではないですよ。まずは私ファーストで自分にとって身近なものから英会話の練習を始めて、その上で「うまく言えなかったこと」や「もっとうまい言い方」を探すために教材を使うのがいいんじゃないかなってことです。

今井　なるほど。自分にとって身近なものであれば、モチベーションも保ちやすいですもんね。そういったところをベースにしつつ、教材なども組み合わせていくってことですね。

遠藤　そういうことです。さきほど、『美女と野獣』の英語版 DVD で挫折したという話をしましたが、マイクラ英会話を先にやっておけば、『美女と野獣』からも自分が使いそうなセリフをピックアップしていくことができたと思います。要するに、順番が大事ってことですね。

第三章　マイクラ英会話の始め方

　マイクラ英会話をやってみようかなと思われた方向けに、実際にどうすればよいのか具体的な手続きについて説明します。

■■ オンライン英会話でレッスン予約

　まず、一緒にマイクラ英会話をやってくれる講師を探します。ここでは、オンライン英会話サービスのレアジョブを例に説明していきます。

　以下はレアジョブの講師検索画面です。趣味の欄に Minecraft と記載している方を探しましょう。なお、会員登録していないとフリーワードでの検索が使えないのでご注意ください。

レアジョブ
講師検索
※会員登録必要

　今回検索にヒットしたのは 6 名の方ですね。それぞれの講師のプロフィールやレッスン可能日時を見て、選びましょう。

検索結果

　レアジョブのプランはいろいろありますが、おすすめは一番安い月額 4,980 円プランで、この場合は月 8 回となります。なお、月 8 回より多くレッスンを受けたい場合は追加でレッスンチケットを購入することで対応できます。

プラン

　なお、このプラン選択や講師予約のところで「やっぱりどうしよう…」と迷ってしまう方もいらっしゃるかと思います。しかし、考えても答えが出ないようなことに時間を費やしても英会話力は伸びません。それよりも一歩踏み出してしまったほうが長期的にはプラスです。ここは思い切りよく進めていくことをおすすめします。

▣ マイクラのマルチサーバー準備

　マイクラ英会話をやるためには、遠くの人ともマルチプレイできるように準備する必要があります。

　マルチプレイをやりやすくしてくれるのがマルチサーバーです。マイクラには公式サーバー「Realms」というサービスがあり、これを使うのがおすすめです。

　では、Realms の申込方法を説明していきます。以下はスマホの Minecraft アプリを立ち上げた画面です。Play ボタンを押して、Worlds にある Create on Realms Server を選びます。

1. スマホの Minecraft アプリ > Play

2. Create on Realms Server

※マイクラ英会話をする場合、言語設定は English にしておくことをおすすめします。

Add a 10 player Realm と Add a 2 player Realm という２種類出てきますが、2 player のほうで大丈夫です。

3. Add a 2 player Realm（月額480円）

なお、iPhone の場合ですが、2 player で月額 480 円となります。10 player のほうは月額 960 円です。（2023 年 10 月 6 日時点）

次の画面で Create for ¥480 per month ボタンを押すと、Realms の申し込みが完了です。これで２人のフレンドとのマルチプレイが可能になります。

4. Create for ¥480 per month

申込み完了後、自動でサバイバルのワールドが一つ作られます。このワールドでマイクラ英会話をしていくことになります。

5. ワールド（サバイバル）が自動生成

　なお、Realms を契約すると、ワールドが3つまで作成できます。さきほどの「2人のフレンドとのマルチプレイ可能」と合わせると、講師Aの人とワールド1で、講師Bの人とワールド2でマイクラ英会話をするといったこともできます。

■ レッスン初日にやること

　レッスン初日にやるべきことは、マイクラ英会話の打診と、一緒にプレイするための設定です。これだけで初回のレッスンは終わると思うので、初日の目標としては、相手がワールドに入ってこれることを目指しましょう。

　マイクラ英会話の打診については、どのように言ってもよいと思いますが、私は次のように言っていました。

I'd like to learn English via playing Minecraft.
Could you do lesson with playing Minecraft?

　一緒にプレイするための設定については、まずは相手のゲーマータグを教えてもらう必要があります。ゲーマータグとはマイクラトップ画面にあるキャラクターの名前部分のことです。なお、

Minecraft のアカウントにログインしている必要があります。

１. 相手のゲーマータグを教えてもらう

ゲーマータグはチャットテキストで送ってもらったほうがいいので、そのように打診しましょう。

Could you text me your Minecraft gamertag?
That's your account name in Minecraft.

ゲーマータグを教えてもらえたら、フレンド追加をしていきます。まず、Friends タブにある Add Friend ボタンを押しましょう。

２. ゲーマータグを入力してフレンド追加する

ゲーマータグを入力して、相手を検索します。相手のアカウントが見つかったら Add Friend を押します。これでこちら側でのフレンド処理はおしまいです。

　これと同じことを相手にもしてもらう必要があるので、相手にこちらのゲーマータグを教えてフレンド追加をしてもらうようお願いしましょう。

We need to add friends each other to play Minecraft together.
Could you please add my gamertag to your friend list?
Here is my gamertag.
※ゲーマータグは口頭では伝わりにくいのでレッスンルームのチャットで送るとよいでしょう。

　なお、フレンド登録においては、タイムラグが発生することもあるので、待ち時間が発生した場合に話すネタを考えておくとよいです。たとえば、マイクラはどれくらいやっているのかとか、エンダードラゴンは倒したことがあるのかとか。相手の実力がどのくらいのものなのか聞いておくといいと思います。

　さて、相手と相互でフレンドになれたら、あと少しです。相手が自分の Realm サーバーに入れるようにしましょう。

　Worlds 内の 自動生成された Realm ワールドの右にある編集ボタンを押します。鉛筆のアイコンですね。

Realm の編集

　Play の隣にある Manage Realm を選んで、左メニューの Members を選び、フレンドリストにある相手のアカウントを Invite します。

Manage Realm

Members ＞ 相手アカウント Invite

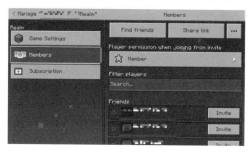

　そうすると、相手のスマホの Minecraft トップ画面にメールボックスが表示されます。そのメールを押して招待を承諾してもらいましょう。

（参）招待を受けた相手側のMinecraft画面

　承諾後、相手の Friend タブ内の参加できる Realms にワールドが表示されるようになります。相手にそのワールドを選択してもらって、参加してもらえたら準備完了です。

　おそらくこれで25分のレッスン時間は経過してしまうと思うので、次から一緒に遊ぶ約束をしておしまいとなります。

　もし、時間が余っているようだったら、拠点づくりなどを始めてしまって大丈夫です。一応、順調にいけば少し遊べるかもしれないので、何をするのかあらかじめ考えておくとよいですね。

☕ Coffee Break

どのオンライン英会話がいいの？

今井　オンライン英会話サービスってレアジョブ以外にもいろんな会社のサービスがありますけど、やっぱりレアジョブがいいんですか？

遠藤　結論から言うと、現状ではレアジョブがいいと思います。というか、レアジョブしかないと思います。理由としては、そもそもMinecraftで検索にヒットする講師が少ないからです。

2023 年 9 月 27 日時点での調査ですが、オンライン英会話のサイト数社において Minecraft というキーワードでヒットして当日予約できる講師の数を調べたところ、レアジョブは 6 名ヒットしましたが、それ以外のサイトでは多くて 1 名で、そもそもヒットしないところもありました。

今井　マイクラをやっているけどプロフィールに書いていないという人もいるのかな。でも、思ったより少ないんですね。

遠藤　オンライン英会話の講師って大学生がアルバイトでやるパターンが多いんですよね。そして、大学生になるとマイクラはもうやっていなかったりするんです。つまり、今はもうやってないから書いてないだけで、できるかどうかで言ったら数はもっと多いと思います。

今井　なるほど。僕も同じ立場だったら、今はもうやっていないマイクラのことはプロフィールに書かない気がしますね。

遠藤　オンライン英会話のプロフィール欄にはフリートークで話題にするためのキーワードを入れることが多いと思います。マイクラをプレイしながら英会話レッスンをするなんてことは想定されていないんですよね。

　ただ逆に言えば、マイクラ英会話という手法が広く知れ渡ったら、プロフィール欄に書いてくれる講師も増えると思います。そうなるように、私たちもマイクラ英会話を周知していきたいですね。

どのくらいお金がかかるの？

今井　多くの方が気になるのは「マイクラ英会話ってどれくらいお

金がかかるの？」ってことだと思います。毎月ざっくりどれくらいかかると考えたらいいでしょうか？

遠藤　毎月の費用ですね。これは月に何回マイクラ英会話をやるのか、また利用するオンライン英会話サービスによっても変わってきます。

とりあえず、レアジョブを利用した場合、ざっくりどれくらいかかるのかをお伝えしますね。なお、わかりやすいように数字は丸めています。

- レアジョブの月8回プラン 約5,000円
- 追加レッスン代金 約550円×回数分
- Minecraft Realms 約500円

これらを元に費用を計算すると次のようになります。
- 月8回：5,500円
- 月12回：7,700円
- 月16回：9,900円
- 月20回：12,100円

ざっくりこれくらいかかると考えておいてもらえたらよいかなと思います。

毎月のマイクラ英会話費用（概算）

レアジョブ（月8回プラン）	追加レッスン代金	Minecraft Realms
約5,000円	約550円（※）×回数分	約500円

（※）追加レッスンチケット6枚セット3,300円→ 1回あたり550円と算出

回数	レアジョブ（月8回）	追加レッスン代金	Minecraft Realms	合計
月8回	5000		500	5500
月12回	5000	550×4	500	7700
月16回	5000	550×8	500	9900
月20回	5000	550×12	500	12100

今井　月20回で約12,000円ですか。月20回ってほぼ毎日やってる感じでこの金額だから、思ったよりも高くないですね。逆に毎日やってると飽きてきたりしないか、そっちのほうが心配ですね。

遠藤　そうですね。1レッスン25分なので25分×20回＝500分。時間に直すと、8時間ちょっとくらいですね。ただ、8時間でマイクラをどれぐらい進められているかというと…。

今井　あー、こういうゲームってものすごい時間を費やすことが想定されてるから、8時間だとまだ最初のほうなのかな。

遠藤　そうですね。少なくとも、まだまだやり足りないと思えるくらいの段階だと思います。ゲームとしても序盤から中盤くらいのところでしょうね。そのため、1か月経っても、まだまだやるべきことがたくさんあるので、飽きずに続けられていると思いますよ。

オンライン英会話のプランについて

今井　月20回で12,000円って話でしたけど、ほぼ毎日利用するのであれば月8回プランじゃなくて毎日25分のプランにしたほうがよくないですか？　確か、毎日25分のプランで月8,000円くらいでしたよね。

遠藤　費用だけ見たら毎日25分プランのほうが安いですよね。でも、私は月8回プランのほうをおすすめします。

　なぜなら、レアジョブの予約の仕組み上、毎月のプランに含まれている分として予約できるレッスンは一度に1回までだからです。予約したレッスンを終えた後に、次の毎月のプランに含まれている分のレッスン予約ができるようになるんです。

　このあたり少しわかりにくいと思うので、具体的な日時を出して説明しますね。

　まず毎日 25 分プランの場合です。たとえば、いまが 9/27 だとして、9/28 にレッスンを予約したとしましょう。そうすると 9/28 のレッスンが終わるまで、プランに含まれる分での次の予約ができないのです。

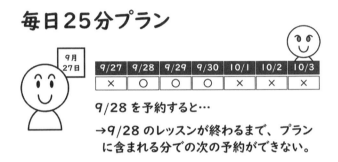

毎日25分プラン

9/28 を予約すると…
→9/28 のレッスンが終わるまで、プランに含まれる分での次の予約ができない。

9/27	9/28	9/29	9/30	10/1	10/2	10/3
×	○	○	○	×	×	×

　毎日 25 分だから毎日予約できるだろうと思ったらそうではなくて、予約したレッスンが終わったら、次のレッスンが取れるという仕組みなんですね。

　ただ、ここが重要なんですが、28 日のレッスン後に予約しようと思っても、その時点で 29 日・30 日が空いているとは限らないわけです。

今井　あー、それまでに他の誰かが予約してしまっているかもしれないわけか。

遠藤　そうです。講師の評判が良ければ良いほど予約も入りやすくなるので、早めに予約を入れておかないと枠が埋まってしまうんですよね。だから、レッスン後に次の予約をしようとしたらもう埋まってしまっていた…なんてことも普通に起こりうるわけです。

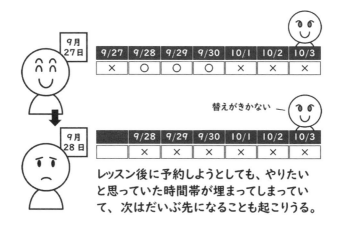

レッスン後に予約しようとしても、やりたいと思っていた時間帯が埋まってしまっていて、次はだいぶ先になることも起こりうる。

今井　普通の英会話レッスンだと普段の講師Aがいなかったら、他の講師Bにしようってできるけど、マイクラ英会話は講師Aじゃないとだめだから、替えがきかないってことですね。

遠藤　その通りです。一方で、月8回＋追加レッスンチケットの場合はどうなるかというと、9/28を月額プラン内の通常予約分にして、9/29と9/30を追加レッスンチケットで予約するということができるわけです。

月8回プラン＋追加レッスン

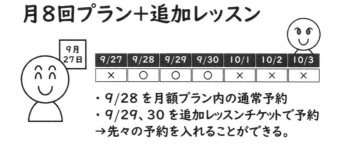

・9/28を月額プラン内の通常予約
・9/29、30を追加レッスンチケットで予約
→先々の予約を入れることができる。

　要するに、追加のレッスンチケットを使えば、先々の予約を入れることができるということなんです。

今井　えーと、確認ですが、月8回のプランでも予約したレッスンが終わらないと、月額プラン内の回数を使ったレッスンは予約できないってことですか？

遠藤　そうです。そのため、先々まで予約を入れたい場合は、どうしたって追加のレッスンチケットをメインに使っていくことになるわけです。

　そうなると月額プランに含まれる回数分を消化できない可能性も出てくるので、月額プランは最低料金のものにしておいたほうがよいというわけなんですね。

今井　なんだか、毎日25分プランって融通がききそうですけど、実際のところはそうでもないんですね。

遠藤　元々、講師Aが空いていないなら講師Bでいい、とりあえず誰でもいいから英会話がしたいというニーズに応えるのが、毎日25分プランですからね。マイクラ英会話のように特定の講師とやることを念頭に置いた仕組みになっていないわけです。

今井　そう聞くと、マイクラ英会話専用の仕組みを作ったほうがいいような気がしますね。

遠藤　理想を言えば、そういうマイクラ英会話プランのような特別プランがあればいいですよね。

　ただ、現状としてはマイクラ英会話自体がほとんど知られていないので、そのような特別なプラン作成をオンライン英会話サービスにリクエストするのも、ちょっと無理があるかなと思います。

　まずはマイクラをやったことがある講師の方にはプロフィールに

Minecraft と記載してもらって、マイクラ英会話ができる講師を増やすことが最初のステップでしょうね。

今井　たしかに。マイクラ英会話というコンセプトはすごくいいと思うので、まずは実際に試してみることができるように、Minecraft で検索にかかる講師の数を増やしてもらうことから、ですね。

第四章　マイクラ英会話をうまく
やるコツ5選

　マイクラ英会話を軌道に乗せて、そこからたくさんのことが得られるようにするための「うまくやるコツ」を5つご紹介します。

1. マイクラに出てくる英単語を覚えておく
2. 次のマイクラ英会話で何をするか考える
3. レコーダー兼自動文字起こしアプリを使う
4. 復習でうまく言えなかったところを考える
5. 言いたいことが英語で言えるようにしておく

1. マイクラに出てくる英単語を覚えておく

　マイクラ英会話といえども、英会話をする場であることに変わりはありません。そのため、最初のうちは英文がとっさに作れないこともよくあると思います。そういうときのために英単語だけでも言えるようにしておきましょう。

　英単語だけでも言えれば、相手もこちらが何を言いたいのか推測できるようになります。そのためにも、マイクラに出てくる英単語はなるべく早い段階で発音を覚えておくことをおすすめします。

　我々の Youtube のサブチャンネル「マイクラ英単語イメージリンク」ではマイクラで出てくる英単語の紹介動画を出しています。マイクラ英単語の発音練習などに活用していただければと思います。

【マイクラ英単語】英語で言える？サバイバル最初の 100 単語
https://www.youtube.com/watch?v=kgaBQAAyXfM

2. 次のマイクラ英会話で何をするか考える

　マイクラをプレイするにあたって、１レッスン 25 分というのはとても短い時間です。あらかじめ、その日何をするのかを考えておかないとほとんど進まずに終わるなんてことにもなりかねません。

　私の場合は、前のレッスンのふりかえりと組み合わせて、今回何をやりたいのかを伝えるようにしていました。

Last lesson, we found a new dungeon.
In this lesson, I'd like to explore the dungeon.
Is that OK?

この例で言えば、前回は新しい洞窟を見つけたから、今回は洞窟探検がしたいと打診しているわけですね。また、その洞窟を探検している間に言いそうなことも、あらかじめ洗い出しておくとよいです。

　たとえば
・私がたいまつをつけていくよ。
・鉄鉱石を取っていってもらえる？
・このあたりに拠点をつくろう。
　などなど。

　このようになるべく事前に準備しておいて、25分というレッスン時間内でうまく話せる割合を増やしていきましょう。

3. レコーダー兼自動文字起こしアプリを使う

　マイクラ英会話で特に期待したいことは、英語を話すこと・スピーキングスキルの向上です。英語を聞くこと・リスニングに関しては優先順位を少し落としてよいと思うので、補助として自動文字起こしアプリを使うとよいです。

　私は android スマホに標準搭載されている「レコーダー」アプリを使っています。このアプリは録音ボタンを押すと自動で文字起こしもしてくれる優れものです。

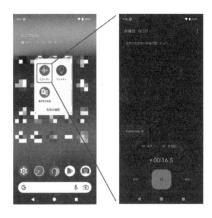

Android スマホ 標準搭載 「レコーダー」

※設定言語を English に変えてご利用ください。

　ただ、マイクラ英会話でレコーダーアプリを活用するには、少し注意点があります。というのも、同じ端末でマイクラとレコーダーアプリを行き来すると、マイクラが毎回落ちてしまうのです。そのため、レコーダーアプリ用に、マイクラ用とは別のスマホ端末を用意する必要があります。

　私の場合、実際どのような環境でマイクラ英会話をやっているのか説明しておきます。

マイクラ英会話の環境実例

・パソコン
オンライン英会話で
講師とビデオ通話する用

・スマホ1
マイクラをプレイする用

・スマホ2
レコーダーアプリ用
（古いスマホ）

まずパソコンですね。これはマイクラ英会話を一緒にやる講師とのビデオ通話用です。レアジョブで言えば、ブラウザでレッスンルームを表示することになります。

　次にスマホ１で、マイクラのプレイ用です。私は普段使いの iPhone を使っています。最後にスマホ２で、レコーダーアプリ用です。こちらは古い android スマホを流用しています。このように３つの端末を使って、マイクラ英会話をやっています。

　なお、レコーダーアプリによる文字起こしですが、私の場合はそこまで頻繁に確認していなかったりします。というのも、マイクラをプレイしていると文字起こしに視線を移す余裕があまりないからです。

　なので、相手が言っていることがわからなかったら、まずは Could you say that again? のように、もう一回言ってくれるようにお願いしています。

　相手にもう一回言ってもらって、それでも何のことかわからなかったら、視線を動かして文字起こしを見るという使い方をしています。

※レコーダーアプリを使っている間は何もスマホ操作しないので、画面が自動でロックされることがあります。しかし、画面がロックされると文字起こしを見たいときに、いちいち解除しないといけないので面倒です。

　これを避けるには２つ方法があります。一つは設定で画面ロックをオフにすること。もう一つはアプリでマイクラ英会話をしている間だけ画面ロックがかからないようにすることです。

　私はアプリを入れて、マイクラ英会話をやっている間は画面ロックがかからないようにしています。なお、アプリを探す際は「画面ロック解除アプリ」で調べるとよいでしょう。

4. 復習でうまく言えなかったところを考える

　言いたいことがうまく言えない、なんてことはレッスン中に何度も発生すると思います。そのときの悔しい気持ちが残っている間に復習をして、どう言えばよかったのかを考えておくとよいです。

　「次に同じような場面になったら、こう言おう」。そういう表現を自分の中に積み重ねていって少しずつうまく言える回数を増やしていきましょう。

　さて、その復習の方法ですが、私の場合はレコーダーアプリによって文字起こしされたテキストをレッスン終了後に印刷しています。

　その印刷した内容をざっと読み返して、うまく言えなかったところをピックアップし、どう言えばよかったのかを考えるわけです。

文字起こしテキストを印刷

うまく言えなかった
ところをピックアップ

私の場合は、気になったところはなるべく取り上げていましたが、時間がなければ数を絞って考えるのでもよいと思います。最終的には、レッスンの復習と次に何をするかをまとめておいた上で、次回のレッスンにのぞむようにすると万全だと思います。

☕ Coffee Break

「悔しい！うまく言えるようになりたい」気持ちが大切

今井　ネイティブとの会話が終わった後も、（これどうやって言えばよかったんだ…）って考えるのはすごく重要だと思います。というのも、その表現こそが「自分にとって本当に必要なフレーズ」だと思うからですね。

　一方、よくネットの記事などで「これが言えないと恥ずかしい」みたいなフレーズ紹介がありますけど、そういうのって自分はあまり興味がわかないんですよね。何でかって言うと、そのフレーズが自分にとって必要かどうかわからないからです。

遠藤　自分にとってどうなのかがポイントですよね。それで言えば、マイクラ英会話の良いところは自分が言いたい表現を明確にしてくれるところだと思っています。

　たとえば、こちらが声掛けを適切にできなかったせいで、仲間が敵に気づかずにやられてしまったりするじゃないですか。そういうことがあると、あそこでちゃんと声掛けできていれば…、やっぱりちゃんと言えるようになっておきたいって思うようになるんですよね。

　こういうのって普通の英会話レッスンだと、うまく言えなくてもその場がすんだら痛さを感じなかったりするんです。だから、ゲー

ムならではの痛さがあるわけです。

　ゲームにのめり込んでいるからこそ、その手段としてちゃんと言えるようになりたい。ゲームがうまくプレイできるようになりたいのと同じように、うまく言えるようになりたいって思うんですよね。

同じような失敗を何度もして、なんとか学んでいく

今井　英会話の勉強でもテキストを使っていると、１回流れていってしまえば戻ることなんてめったにないですよね。だから「もうこれはいいや」って流すことができる。ですけど、ゲームは繰り返し同じような場面が出てくるので、そうなるともうやらざるを得ないってなりますよね。

遠藤　そうですね。今井くんの言う通り、ゲームの場合は同じような場面が何度も出てくるので、言えるようになってないとまずいって気持ちになりますよね。

今井　同じところで同じミスを繰り返して、一緒にプレイしている相手に迷惑をかけちゃってると、何とかせんといかんなって思うようになると。

遠藤　結局、私たちは同じような失敗を何度もして、なんとか学んでいくって感じなんでしょうね。

5. 言いたいことが英語で言えるようにしておく

　事前準備や復習のところで、次回言いたいことや前回うまく言えなかったところなどを洗い出してきました。今回は、その洗い出した文章を英文にして実際に言えるようにしておく方法について説明

します。

5-1. 日本語の文章を手直しする
5-2. 日本語から英文を作る
5-3. 文法チェックをする
5-4. 英文を話すイメージトレーニングをする

5-1. 日本語の文章を手直しする ━━━━━━━

　ここまでで洗い出した「言いたいこと」などは当然日本語になっていると思いますが、英文を作る前に、その日本語の文章を手直しします。

　やりかたとしては次の3つになります。
（1）なるべく文章を区切って、短くする
（2）硬い表現よりも柔らかい表現にする
（3）受け身表現よりも能動態の表現にする

なるべく文章を区切って、短くする
　これは実際にレッスンで言えるようにするためです。英文も短くすれば、最後まで言いきれるようになります。実際のレッスンでは、短い英文をポンポン投げるような感覚で話すとよいです。

　具体的には、英訳したときに関係代名詞が出てくるような文章は日本語の段階で区切るようにするとよいです。

・長い文章「村1と村2をつなぐ道をつくっておいたよ」
・短い文章「道をつくったよ」「その道は村1と村2をつないでいるよ」

硬い表現よりも柔らかい表現にする
　日本語の時点で硬い文章は英語にしたときにも当然硬い文章に

なってしまいます。硬い英文は初心者にとって口に出しにくいので、なるべく柔らかい文章に変えるようにしましょう。

　ざっくり言うと静的な表現は硬くなりやすいので、動的な表現を使うように意識するとよいです。

・静的な表現例「拠点の崩壊はクリーパーの爆発が原因だ」
・動的な表現例「クリーパーが拠点を壊した」

　静的な表現・動的な表現がどういうものなのか少しわかりにくいと思うので補足しておきます。

　静的な表現とは、崩壊・爆発・原因のような名詞を多用した客観的な表現のことを指しています。一方で動的な表現とは、「何が・どうする」のような動きがメインになる表現のことです。

受け身表現よりも能動態の表現にする
　英文の基本は「主語・動詞・目的語」であり「何が・どうする・何を」となっています。そのため、日本語の文章を作るときもなるべくこの型に落とし込むようにすると英文が作りやすくなります。

・受け身「クリーパーにやられた」
・能動態「クリーパーが私をやっつけた」

　さきほど説明したように、英語の基本は「どうする」であり「〜される」ではありません。そのため、「クリーパーにやられた」という受け身表現を「クリーパーが私をやっつけた」という能動態に変えたほうが英語における自然な表現に近づけられます。

　最初は日本語側での変換がスムーズにできないと思いますが、毎回の復習などで意識して少しずつ慣れていってもらえたらと思います。

※このあたりのことは弊著『英会話イメージトレース体得法』で解
　説しているので、ぜひご参照ください。

5-2. 日本語から英文を作る

　日本語の文章の手直しが終わったら英文を作っていきましょ
う。といっても、試験で丸をもらうためのものではなく、マイクラ
英会話で使うことが目的なので、少し考えて思いつかなかったら
Google 翻訳を使ってかまいません。

　Google 翻訳で、日本語を入力して出てきた英文がおかしくなけ
れば、それで OK です。

Google翻訳

　違和感があるところは日本語を変えてみたり出力された英単語を
変えてみたりして、しっくりくるまで試してみるとよいです。

　ただ、完璧な英文を作ることが目的ではないので、相手に伝わり
そうだなと思えたらそれ以上は時間を使わずに次に進んでいきま
しょう。判断基準は常に相手に伝わりそうかどうかで考えるように
してください。

違和感があるところは、日本語を変えてみたり、出力された英単語を変えてみたりする。

相手に伝わりそうかどうかで判断

5-3. 文法チェックをする

　最後に、Grammaly というアプリを使って文法チェックをしておきます。

　マイクラ英会話において文法ミスのない英文を作ることは目的ではありませんが、文法ミスに気づけるのであれば、気づいておいたほうがいいです。何度も繰り返しミスを指摘されることで少しずつ意識できるようになるかな…くらいの軽い気持ちで活用するとよいと思います。

　Grammaly は無料で使えますが、会員登録が必要です。会員登録後はこのようなトップ画面が表示されるので New を押して英文を入力する画面に進みます。

Grammaly

会員登録必要

New を押す

　左側に英文を入力すると右側にチェック後の結果が表示されます。この場合は、少し英文が短かったですが、Great Job ということで問題なしですね。

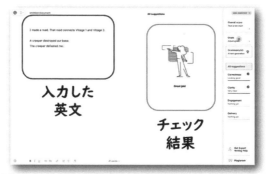

入力した
英文

チェック
結果

　もし、問題があったら「こうしたほうがよいかも」という修正案が提示されるので、その内容を確認して納得できれば、その修正後の英文を採用するという流れになります。

5-4. 英文を話すイメージトレーニングをする

　最終的にある程度正しいと思われる英文が作れたら、あとは実際のマイクラ英会話のときに言えるようにします。

　といっても難しいことではなく、脳内でレッスン中の場面を思い描いて、作成した英文を言っているようにイメージトレーニングするだけです。ぶつぶつ言ってみて、スムーズに言えるようになったらおしまいです。

　なお、ここが最も重要なポイントなので、ここに至るまでの間に疲弊してしまってはいけません。この最後のイメージトレーニングまでもってきた英文が「自分ごとの英語表現」に当たります。

　その数をなるべく増やせるように、途中途中で時間を取りすぎないで最後まで仕上げることを意識してもらえたらと思います。

スムーズに言えるようになったらおしまい

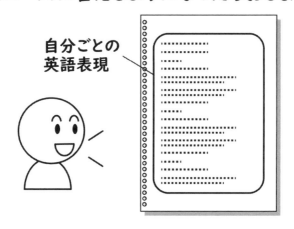

自分ごとの
英語表現

Coffee Break

関係代名詞を使わないようにする

今井　関係代名詞が出てくる文章を分解する話が、自分の中にすごく刺さりました。というのも、私自身が英会話をやっていて、なんか関係代名詞を使おうとするとうまく話せないということがあってですね…。

　そのときの解決策として、意図的に文章を短く区切るってことをやってたんです。だから、まさに自分がやっていたことだったので、ちょっとこれアツいなって思いました。

遠藤　関係代名詞って英会話レベルが一段上がるんですよね。だから、関係代名詞を使った英文を作ろうとすると、言葉がなかなか出てこなくなってしまう。

　会話っていうものはキャッチボールなので、何でもいいからとりあえずボールを返さなきゃいけないわけですが、あれこれ考えていると相手を待たせてしまうわけですよね。これはこちらにとってもストレスですし、相手にとってもストレスになります。

　関係代名詞はそういう状況を誘発しやすいので、初心者の間はなるべく短く区切って、関係代名詞を使わないですむようにしていくと英語を話しやすくなると思います。

大学受験の英単語は硬い

今井　解説の中に硬い表現って出てきましたけど、これについてはネイティブからまさにそう言われた経験があるんです。

　僕が英会話をやり始めたのは大学生の頃なんですが、そのときに唯一使っていたのが「速読英単語」って大学受験用の単語帳だったんです。いわゆる速単ってやつですね。

　その「速読英単語」に出てくる単語を英会話で使ってたんですけど、ネイティブに毎回「単語が硬い」「難しすぎる」って言われたんです。たとえば、相手を鼓舞するみたいな文脈で stimulate って単語を使ったら、ネイティブから「そんな言い方する？」みたいな感じで笑われちゃって…。

　そのとき、大学受験のときに勉強する英単語って想像以上に堅苦しいんだなってわかりました。それから、ネイティブがよく使うような簡単な英単語の組み合わせを自分も使うようになっていったんですよね。

遠藤　そうですね。私たちは大学受験とか英語の授業で難しい英単語を覚えさせられてきましたけど、それらの単語ってやっぱり硬いんですよね。聞き手も聞いていて肩がこるし、話し手にとっても言いにくい。

　簡単な英単語、いわゆる中学レベルの英単語に限定したほうが、実は英文も言いやすくなるってところがあると思うので、ぜひ試してみてほしいですね。

理系は硬い表現を使いやすい！？

遠藤　この硬い表現・柔らかい表現に関して言えば、英語だけでなく日本語でも同じように考えることができると思っています。

　例で出した「拠点の崩壊はクリーパーの爆発が原因だ」は硬い文章ですよね。それに対して「クリーパーが拠点を壊した」は柔らか

い文章で、しかもシンプルですね。両方とも言っていることは同じですが、ずいぶん印象が違うと思います。

　私自身、我が身を振り返ってみると硬い表現を使いやすい傾向があるので、意図的に柔らかい表現を使うように気をつけています。小さい子どもでもわかるような表現にするイメージですね。

　なお、硬い表現を使うのは、どちらかというと理系に多い傾向ではないかなとは思います。学問や研究をやっていくと、きちんと定義づけられた客観的な表現を使うように求められるからです。

　話を戻すと、大学受験などで難しい英単語を覚えさせられることと相まって、私たちはそもそも英文にしにくいような日本語を作ってしまう傾向があるので、日本語の時点から意識的に柔らかく、動きがメインの表現にするように気をつける必要があるというわけですね。

静的な表現は面白くない、動的な表現は感情が入りやすい

今井　この「静的な表現は硬い・動的な表現は柔らかい」っていうのは聞いていて、すごくわかりやすいと思いました。これに関して言うと、日本語も平仮名は柔らかい印象で、漢字だと硬い印象になりますよね。

　たとえば、選挙の掲示板に張り出される立候補者のポスターで、普通は漢字にするところを、あえて平仮名にしているものがありますが、あれは親しみやすさをアピールしているだろうなって。一方で、キャッチコピーが「誠実」とか「実行力」のように漢字だと、真面目な人なのかなって印象になります。

　まあ、でも「会話をする」という点においては、静的な表現ばっ

かり言ってると面白くないですよね。ネイティブとの会話でも、そういう静的な表現ばかり使っていると、相手のネイティブがなんかしゃべりにくいな…ってなる可能性が高いと思います。

遠藤　そうですね。「真面目か！」って茶化したくなるくらい静的な表現・客観的な表現って会話には向いていないんですよね。

今井　たしかに事実の提示みたいな感じになりますよね。「拠点の崩壊はクリーパーの爆発が原因だ」って軍隊の報告かよって感じですもん。

遠藤　それに対して「クリーパーが拠点を壊した」のような動きを含んだ文章は感情が入りやすいんですよね。「拠点がやられた！」って感覚が出てきます。

　このあたりは文章では伝わりにくい部分もあると思いますが、実際の英会話で "A Creeper broke our base!"（クリーパーが拠点を壊した）のようなやりとりをしてみると、感情を入れやすいことがよくわかると思います。

英文が組み立てられないときは主語を確認する

今井　日本語の文章の手直しで「受け身より能動を使う」がありましたけど、これは本当にそうしたほうがいいと思います。

　僕もなんかうまく英語の文章を組み立てられないなって感じたときは、最初に主語がおかしいんじゃないかってチェックするようにしています。動詞のところが受け身になってしまうような主語を選んでいると、うまく英文を組み立てられないことが多いんですよね。

　だから、うまく英文が作れないってときは、とりあえず言い方を

受け身にしてないか・受け身になるような主語を選んでいないか
チェックしてみるといいと思います。

遠藤　英文の基本は「何が・どうする・何を」であり、この型に落
とし込むように徹底すればいいんですけど、途中で受け身形を習っ
てしまうから「受け身も使えるんだ」ってなって受け身形を使いが
ちになるんですよね。

　でも、基本的には受け身形は英語におけるイレギュラー表現だと
思ってもらったほうがいいです。なので、とりあえず英会話では能
動的な表現にするように意識してもらえたらと思います。

　なお、このあたりは弊著『中学英語イメージリンク』『英会話イメー
ジトレース体得法』で取り上げているので、詳しく知りたい方はそ
ちらをご参照ください。

第五章 マイクラ英会話の問題点と対策

問題と対策

　マイクラ英会話は講師に依存するところが大きく、そのために主にスケジュール面でよく問題が発生します。ここでは、問題点とその対策について解説します。

マイクラ英会話の問題点

　ここまでマイクラ英会話の良い点を取り上げてきましたが、マイクラ英会話にも問題点はあります。その最も大きなものは「講師依存」です。

　マイクラを特定の講師とプレイする性質上、講師の替えがきかないことは既に説明しましたが、これ以外にも現時点で次のような問題点があります。

1. そもそもの講師の選択肢が少ない
2. 予約が入れにくい
3. 半年くらいでやめてしまう講師が多い

そもそもの講師の選択肢が少ない

　第三章の Coffee Break で取り上げたように、Minecraft で検索

したときオンライン英会話サービス大手のレアジョブでも現状6人しかヒットしません（2023年9月時点）。

　そして、マイクラ英会話は良くも悪くも相手の講師と遊び友達のような関係になりやすいので、相性が重要になってきます。いまのところ私は楽しくプレイできる講師としか当たっていませんが、相性が悪い人と当たってしまうこともあると思います。

　そのような場合は、無理せず講師を変えることをおすすめしますが、選択肢が少ないとそれも難しくなります。これについては現時点での大きな問題点だと思っています。

予約が入れにくい

　生徒側が「この日時にマイクラ英会話をやりたい」と思っても、そのタイミングに相手の講師がレッスンを提供していなかったら、マイクラ英会話をすることができません。相手の都合に合わせなければいけないのでスケジュールが立てにくいわけです。

　また、オンライン英会話サービスに登録している講師の多くは大学生なので、大学の試験期間中はレッスンをお休みすることもよくあります。大学生ではない方でも、クリスマス休暇のような長期休暇の際にはレッスンをお休みしたりします。

　つまり、相手がレッスンを提供していない期間が2〜3週間にわたることもあるわけです。「マイクラ英会話がやりたいのにできない」というのは結構なストレスになるので、そのような場合にどうするのか、あらかじめ考えておいたほうがいいと思います。

半年くらいでやめてしまう ━━━━━━━━━━━━━━

　さきほどから述べているように、オンライン英会話の講師は大学生のアルバイトが多く、入れ替わりが激しいです。

・学業が忙しくなったから
・就職することになったから
・講師をやることに飽きたから

　やめる理由は人それぞれだと思いますが、私の体感では半年で講師をやめてしまう人が多いかなと思っています。

　そのため、最初から相手の講師とのマイクラ英会話は半年限定で、その間にマイクラをクリアするつもりで取り組むことをおすすめします。

マイクラ英会話ができないとき何をするか

　オンライン英会話用に空けておいた日時に相手の講師がレッスンを提供していなくて、マイクラ英会話ができないなんてことは私の場合よくあったので、そのような場合に何をするかあらかじめ考えておく必要があります。

　私の場合は次のようなことをしていました。
１．英会話に関する書籍を読む
２．スピーキングテストを受ける

　あと私はやりませんでしたが、次のことも良いかと思います。
３．普通の英会話レッスンを受ける

英会話に関する書籍を読む ─────────

　英会話レッスン用に取っておいた時間、マイクラ英会話ができないからといって、何も英語学習をやらないのはもったいないですよね。

　私の場合は、英会話に関する書籍を読んでマイクラ英会話のレッスン中に使えそうな表現をまとめていました。こちらはまだまだ自分が使える英語表現のストックが少ない時期にやっていました。

スピーキングテストを受ける ─────────

　英会話に関する書籍を読むことがインプットだとすれば、スピーキングテストを受けることはアウトプットに当たります。

　私自身の傾向としてインプットに偏りがちだったので、マイクラ英会話ができないときもなるべくアウトプットするようにしようと思って、その一環でスピーキングテストを受けていました。

　私はレアジョブが提供している「PROGOS」というスピーキングテストを利用しました。こちらは20分くらいのテストで、レアジョブの月額会員であれば月1回無料で受けられます。

　PROGOSでは音声で設問が流れてくるので、その設問に対する答えを制限時間内になるべくたくさん話します。PROGOSを受けることで「間違えていてもいいので、瞬間的にたくさんの英語を話す」ことを意識できるようになります。

　なお、「瞬間的にたくさんの英語を話す」ことの重要性については、次の書籍に詳しく解説されているので参考にしていただければと思います。

『難しいことはわかりませんが、英語が話せる方法を教えてください！』（スティーブ・ソレイシィ（著）, 大橋弘祐（著））
https://www.amazon.co.jp/dp/B074754B87

普通の英会話レッスンを受ける

　私がやった「英会話に関する書籍を読む」と「スピーキングテストを受ける」以外に、「普通の英会話レッスンを受ける」こともマイクラ英会話ができないときの選択肢に入れてよいと思います。

　当時の私はマイクラ英会話至上主義者だったので、普通の英会話レッスンに興味がわきませんでしたが、オンライン英会話サービスが用意しているテキストからも学べることはたくさんあると思います。

　たとえば、レアジョブであれば次のようなジャンルの教材が用意されています。
・日常英会話
・ビジネス英会話
・ディスカッション
・スモールトーク
・文法
・発音
・オンライン英会話準備

　英語を使う明確な場がないときは、これらの教材の内容も吸収しにくいと思いますが、マイクラ英会話という前向きに取り組める場があれば、マイクラ英会話に使えそうかどうかというアンテナが立つので、吸収も良くなると思います。ぜひ活用してみてもらえたらと思います。

☕ Coffee Break

相性が悪くなくても、別の講師を探す

今井　話を聞いていて、たしかにそうだなと思ったのは「相性」の件ですね。これって普段の会話は面白いんだけど、ゲームを一緒にやるとなぜか面白くないってこともあったりしますもんね。

　相手が悪い人じゃなくても楽しくなかったらやっぱり続けにくくなると思うので、そういうときは講師を変える選択肢をもっておくのは大切だなと思いました。

遠藤　相性に関して言えば、別に相性は悪くないけど他の講師を探すというパターンもあると思います。なぜなら、ゲームをどうプレイするのかは人によって傾向が違うからです。

　マイクラのサバイバルに前向きな人もいれば、後ろ向きな人もいます。たとえば、怖いところに行くのはあまり得意じゃなかったり、操作自体がそんなに得意じゃないってパターンもあったりするわけです。

　実は、私が一番最初にマイクラ英会話を一緒にやった講師の方は、どちらかというとマイクラのプレイがうまくない人でした。相手から「これってどうすればいいの？」と聞かれて、私が英語で一生懸命やり方を説明することも多かったです。

　これは英語の練習としてはすごく良かったのですが、マイクラをプレイするという観点では少し物足りなかったです。やはり、あまり難易度が高いところには挑戦できなかったですからね。

今井　そうか…。趣味に Minecraft と記載しているからといって、

マイクラがうまいわけではないんですね。

遠藤　一方で、２人目の講師の方はマイクラをやり込んでいるほうだったので、一緒にプレイして純粋にマイクラを楽しむことができました。

　ただ、この場合は私が英語でいろいろと説明する機会が減ったので、良くも悪くも英会話レッスンとしては負荷が少なかったですね。

今井　そこのバランスは難しそうですね。

遠藤　そうですね…。個人的には２人目の講師の方とのマイクラ英会話のほうが好みですが、最初の方とのマイクラ英会話からも得られるものはたくさんありました。

　本文で述べたように、その相手とのマイクラ英会話は半年程度と考えれば、「いまの講師は英会話レッスン寄りだから、次に講師を探すときはマイクラ寄りの講師を探そう」というように状況に応じて選べるようになったらいいですよね。

　もちろん、複数の講師と同時進行でマイクラ英会話をやってみるのもいいと思います。ただ、初心者の方がいきなりそれをやるのは難しいと思うので、初心者であれば、まずは１人の方と１か月・２か月やってみて、慣れてきたら新しい方を加えるという流れにするとよいかなと思います。

第六章　子どもと一緒にマイクラ英会話

　マイクラ好きのお子さんがいらっしゃる場合は、普段のマイクラ英会話にお子さんを加えるのも一つの手です。ここでは、子どもと一緒にやるマイクラ英会話について解説します。

🏁 子どもと一緒にマイクラ英会話とは

　ここで言う「子どもと一緒にマイクラ英会話」とは、既に講師と一緒にやっているマイクラ英会話に子どもを加える形式のものです。

　我が家の場合ですが、娘に「最近フィリピンの人とマイクラをやっているんだ」と話していたら、娘から「私も一緒にやりたい！」となったので、講師に確認をとった上で、英会話レッスンに娘を加えたという流れです。

　基本的に必要なものは、子どもがマイクラをプレイするためのスマホだけです。なお、子どもがマイクラ英会話のワールドに入れるようにワールドの編集から、子どものアカウントを追加する必要はあります。

　さて、この形式で注意してほしいのは、あくまでもレッスンの主役は自分であって、子どもは脇役であることです。

　子どもの英会話力アップをメインに考える場合は、別途カリキュラムを考えるなど工夫が必要だと思います。こちらは後で話題に挙げます。

子どもの英会話にプラスだったこと

　親がメインである「子どもと一緒にマイクラ英会話」ですが、子どもの英会話力に関して何もプラスがないというわけではありません。我が家では具体的に次のようなプラス効果がありました。

・簡単なあいさつや表現が使えるようになった
・マイクラに出てくる英単語を覚えるようになった
・フィリピンに親近感を覚えるようになった

　元々、うちの娘は人見知りで、積極的にやりとりをしていくタイプではありません。ある程度、安心感のある環境であれば、やりとりをするといった感じの子です。

そんな娘ですが、マイクラを誰かと一緒にプレイできるとなると前向きに取り組めるようで、初めてやる前には簡単なあいさつのフレーズやマイクラに出てくる英単語を練習していました。

　実際のマイクラ英会話では、"Thank you." や "Are you OK?" のようなフレーズを使って、普通にプレイできていました。

子どもの英会話に期待できないこと

　なお、この形式の「子どもと一緒にマイクラ英会話」では、次のようなことはあまり期待できないと思います。

・英文が作れるようになること
・英単語と文字を結びつけること

　要するに、試験対策や受験対策としては役に立たないというわけですね。あくまでも脇役という立ち位置で遊んでもらい、英語に慣れる・親しむという感じで考えるとよいと思います。

親に対するプラス効果

　一方で、子どもと一緒にマイクラ英会話をすると、私自身に次のようなプラス効果がありました。

1. 通訳スキルが上がる
2. レッスンの後押しになる
3. 家庭内で英会話の話題が挙がるようになる

　まず、通訳スキルについて。子どもが言いたいことを相手の講師に伝えてあげる機会がたくさんあったのですが、これが意外と良い

英作文の練習になりました。

　というのも、自分自身が言いたいことは主観が入るためか、英文にしにくいことがよくあったのですが、他人が言いたいことを英文にするのは意外とやりやすかったからです。他人のことは第三者的な視点で表現しやすいからかもしれないですね。

　あと、こちらが英文を考えている間、子どもと講師が勝手に遊んでくれて、こちら側にフォーカスが当たらないので余裕をもって考えられるというメリットもありました。

　次に、レッスンの後押しになる件について。これは率直に子どもから「次のレッスンいつ？」と催促されるからです。

　マイクラ英会話自体が魅力的なので、1人でも基本的に前向きに取り組んでいけるのですが、子どもを巻き込むことでより一層の後押しになっていました。

　最後に、家庭内で英会話の話題が挙がるようになる件ですが、これが一番効果が大きいと思っています。

　「あれってどういう意味だったの？」とか「こういうことを言いたいんだけど、どう言えばいい？」とか、普段の日常生活の中に英語が埋め込まれていったら、自然と英語について考える機会が増えてくるからです。

英語に対するハードルも下がってくる

もちろん、英語の授業のような堅苦しいことはなしにして「次は
どこを冒険しようか」と同じくらいの気軽さで英語が取り扱えるよ
うになったらいいですよね。

■ 子どもの英会話をメインにしたい場合

　最後に、もしも子どもの英会話力アップをメインにしたい場合は、
子どもと講師のマンツーマン形式にしたほうがいいと思います。ま
た、マイクラのワールドも子ども専用のものを作ったほうがいいと
思います。

　これは子ども自身に当事者意識をもたせるためです。子ども自身
がやりたいことを考えて、レッスン中は親に頼らず、講師となんと
かやっていく。そこまでもっていけたら、かなりいい感じになると
思います。

　主体性をもっているお子さんの場合は、ぜひともそのような環境
を作るところまで手助けしてあげたいところですね。

　また子どもによっては、レッドストーン回路の設計や建築などに
興味がある子もいると思います。

　そのような要望に対して、それらを教えられるような講師も出て
きてくれるといいなと思っています。

　マイクラ英会話自体がもっと一般的になって、講師のプロフィー
ル欄に「建築が得意」や「回路設計教えられます」のような情報が
掲載されるようになれば、そのあたりのニーズにも応えられるかな
と思います。今後の展開に期待したいですね。

☕ **Coffee Break**

英語が目的ではなく、手段として使える

今井　マイクラ英会話をやることで小さい頃から英語を話すことに違和感がなくなっていったら、多くの日本人が抱えている「英語を話そうとすると緊張してしまう」という壁がなくなってくると思うんですよね。

遠藤　そうですね。やっぱり小さい頃から英語に触れることでハードルを下げる効果はあると思います。

　コミュニケーションで正しいことを答えなきゃいけないってなるとハードルが上がってしまいますが、マイクラ英会話においては正しい英語なんてないので、相手に伝わったかどうかが全てになります。

　言ってしまえば、英語でなくてもいいんですよね。ボディーランゲージでもいいわけです。何かしらのやり方で相手に言いたいことが伝わる。そういう経験ができると、あまり緊張しなくなってくるかなと思いますね。

今井　そうですよね。受験英語としては正しい・正しくないというのは必要なのかもしれないですけど、英会話においてはコミュニケーションをとっていくのが一番大切で、そこが養われるのはすごいですよね。

遠藤　実際のところ、私と娘と相手の講師とのプレイを見ると、本当にただ遊んでいるだけなんですよね。

　日本語が通じない人とキャーキャー言いながら一緒に遊ぶ。そう

いうことを経験すると、相手も同じ人間なんだなって思えますし、いま相手はどういう気持ちなのかなとか、そういうことを考えられるようになると思います。

　その上でどういう表現を使おうかってことが次に出てくる。手段の一つとして出てくるというわけです。なので、マイクラ英会話においては、英語というものが目的ではなくて、ちゃんと手段という立ち位置で扱えるのがとてもいいなと思います。

子どもメインのマイクラ英会話のカリキュラム

遠藤　実は「マイクラ英会話」というキーワードで検索するような方って、親御さんが多いんですよね。うちの子どもはマイクラ好きだから、マイクラでもやらせながら英会話できるようになったらいいな。そういうニーズで検索されていることが多いと思います。

今井　それはつまり、親御さんはマイクラをしていないってパターンですか？

遠藤　そうですね。個人的には親御さんにもマイクラ英会話やってみることをおすすめしたいんですが、ゲームがそんなに好きじゃない方もいらっしゃるので、そこは無理強いできないですね。

　で、そういう場合は「子どもと一緒にマイクラ英会話」ではなくて、「子どもをメインにしたマイクラ英会話」のカリキュラムを考える必要があると思います。

　マイクラをやっている子どもさんって小学生ぐらいが多いので、まず英単語自体を全然知らないわけです。なので、マイクラ英会話をするにあたって、最初は親御さんもお子さんの横にいてもらって、相手の講師の方とやりとりせざるを得ないと思います。

　その上で、たとえばレッスンの最初の10分は簡単な英単語を教えてもらう。右は right、左は left みたいなところからですね。そのような英単語レッスンの時間にして、残りの15分を普通のサバイバル生活にして、相手の講師と遊んでおいで、みたいな感じでやる。そういうふうにすると、そこそこ形になるのかなと思います。

今井　スポーツで言えば、試合もするけど、基礎練習もちゃんとやるみたいな感じですね。

遠藤　そうですね。親御さんが一緒にプレイしないのであれば、ある程度は型を決めておいたほうが、お子さんも安心できるし長続きするかなと思います。

第七章　マイクラ英会話 実践記録

　この章では、私がマイクラ英会話を始めた 2022 年 9 月下旬から 12 月までの約 3 か月間の記録メモを公開します。

　特に最初の 1 か月については「レッスンに先立って準備したこと」や「相手の講師との想定問答集」といった準備関連のメモから、「レッスンでうまく答えられなかったこと・どう言えばよかったのか模範解答例を考える」といった復習関連のメモまで、詳細な記録を時系列順に並べています。

　私がどんなことを考えながらマイクラ英会話をやっていたのかトレースできると思いますので、皆さんがマイクラ英会話を実践される際の参考になれば幸いです。

　なお、メモに出てくる英文は当時のものをそのまま掲載しています。そのため、正しい英文とは限らないことをあらかじめご承知おきください。

　日本語訳については、英文とズレていると思いますが、私自身がそういう感覚で使っていたり、受けとったりしたということでご理解いただければと思います。また、相手の講師については特定を避けるため仮の名前に変更しています。

枠右上のマークについて ─────────

準備メモ

　レッスンに先立っての準備メモ。主に講師に対して話そうと思っていることをあらかじめ英文にしておき、実際のレッスンで言えるように準備していました。

復習メモ

　レッスンを終えた後、レッスンを振り返った復習メモ。主にうまく答えられなかったシーンを切り出して、どう言えばよかったのか模範解答の英文を考えたり、どうしてうまく言えなかったのかを分析したりしています。

雑 感

　私がレッスンを通じて感じた・考えたことのメモ。その時々に感じたことなので、雑多な内容になっています。

初回レッスン前

2022/09/25　Day1（9/27）予約

初回レッスンの予約

雑感

　レアジョブの講師で Minecraft というキーワードにヒットするのは、いまは Joan（ジョアン）先生だけみたい。初回だけど、25分（1レッスン分）ではちょっと短いかな…。マイクラをプレイすることを考えると、100分（4レッスン分）でもいい気がする…。とりあえず50分（2レッスン分）で予約しておこう。

　9/27（火）13:00-13:25、13:30-13:55 で予約完了。さあ、これで後には引けない。初回レッスンまであと2日間。やれることを準備していこう。

初回レッスンの準備
　レッスンで話す内容を書き出しておこう。マイクラに出てくる言葉も英語で言えるように練習しておかなくちゃいけない。ちゃんと相手に伝わらないといけないから、発音練習もしておく必要があるな。

2022/09/25　Day1（9/27）準備

自己紹介とマイクラ英会話の打診

準備メモ

Hello, Joan. Nice to meet you.
I'm Masayoshi Endo. Please call me Masa.
I'd like to learn English via playing Minecraft.
Could you do lesson with playing Minecraft?

こんにちは、ジョアン。はじめまして。遠藤雅義といいます。マサと呼んでください。

私はマイクラをしながら英語を学べたらと思っています。マイクラをしながらレッスンをしてもらえますか？

マイクラの難易度と最初に何をやるか相手の講師に伝える

Game mode is survival, Difficulty is normal.
So we should get some logs and food.
Also we have to make a house in the daytime to avoid enemies.
I'm going to make a house of dirt.
Could you get some logs to make a crafting table?

マイクラのモードはサバイバルで難易度はノーマルです。

だから、原木と食料を手に入れないといけないですね。あと、敵を避けるために昼の間に家を作る必要があります。私は土で家を作るつもりです。作業台を作るための原木をゲットしてきてくれますか？

レッスンの最後に、またお願いできるか相手の講師に聞く

I really enjoyed myself.
If you're OK, I'd like to play Minecraft with you next time too.
…
I'm relieved to hear that.
I'll book our next lesson.
Could you please check it later?
See you next time. Bye.

本当に楽しかったです。あなたがOKなら、次も一緒にマイクラをやりたいです。

（OK の前提で）

そう言っていただけて安心しました。では、次のレッスンを予約しておきますね。

また後で確認しておいてもらえますか？それではまた。さようなら。

レッスン1週目

2022/09/26-2022/10/02 レッスン6回（2回×3日）

2022/09/27 Day1（9/27）雑感

初回レッスンを終えて

　レッスンでマイクラ英会話を打診したけれど、Joan もびっくりしていたな。「マイクラの話をするのではなく、マイクラをプレイしながら話をするの？」って。まあ、そんなことを言ってくる生徒は初めてだっただろうから、驚くのもそりゃそうか。

　最初のレッスンは、マイクラを一緒にプレイするための設定をしてもらうので、ほぼ25分かかってしまったけれど、うまく一緒のワールドに入れてホッとひと安心。

　5分の休憩を入れて、次のレッスン25分間はフルにマイクラをプレイできた。で、率直な感想としては、Joan はあまりマイクラが上手じゃないかも…。クリーパーを連れてきて、拠点が爆破されたときは何事かと思ったよ。

　作業台の使い方とかよくわかってなかったもんなあ。まあ、これは自分が英語で説明しなくちゃいけない＝英語力を上げられる良い機会でもあるから悪いことでもないか…。

　それに相手がマイクラ初心者ということは、その日何をするか、こちらがかなりコントロールできるってことでもあるもんな。事前に何をするか考えて、英語でどう言えばいいか考えておくことにしよう。

あと、予想していた通り、マイクラ英会話は楽しい。というか、マイクラが楽しいんだよなぁ。相手が英語を話す人でも、日本人と同じように楽しいってことがわかった。これなら続けられそうだし、続けていきたいな。Joan がマイクラ英会話に飽きてしまいませんように。

2022/09/28 Day2（9/29）準備

準備メモ

音声録音の許可をとる

> May I record the audio?
> I'd like to review the lessons.

音声を録音してもいい？レッスンを振り返りたいんだ。

　レッスンの復習をするのに録音データは必須なので、Joan にレッスンを録音していいか確認しておく。

前回の振り返りと今回やることをざっくり伝える

> We had a terrible time last play.
> So I have built a shelter.
> We have one bed in the shelter, so we need to make one more.

この前はひどい目にあったね。（拠点を作れずに夜になってしまい、何度も死んでしまった）

だから、避難所を作っておいたよ。避難所には一つベッドがあるけど、もう一つ必要だね。

マイクラの道具の作り方を Joan に教える（想定問答）

　前回、Joan から「棒」の作り方を聞かれたときにうまく説明できなかったので、どう言えばよいか事前に考えておく。またマイクラでは「作業台」がとても重要だから、作業台の作り方も言えるようにしておこう。

Joan：	Do you know how to make sticks?

ジョアン：	棒ってどうやって作ればいいの？

Masa：	To make sticks in Minecraft, you need wood logs, which come from trees. You can turn a wood log into planks. Those planks then turn into sticks. It takes two planks to make four sticks.

私：	マイクラで棒を作るには、原木が必要で、その原木は木から取れるよ。1 つの原木を複数の木材に変えられて、その木材から棒に変えるんだ。2 つの木材があれば、4 つの棒が作れるよ。

Masa：	How to make a crafting table. Go to the crafting menu. In order to make a crafting table, you need to place 4 wood planks in the 2x2 crafting grid.

私：	作業台の作り方。 まずクラフトメニューを立ち上げるでしょ。作業台を 1 つ作るには、4 つの木材を 2 × 2 のマスに置けば大丈夫だよ。

　なお、スマホの音声入力を使って、想定問答の英文を音読練習してみたけれど、wood と grid をうまく認識してくれない。wood

のほうは good や hood として認識されるし、grid のほうは
great や greed で認識されてしまう。発音は難しいな。

2022/09/29 Day2（9/29）復習

Joan とのやりとりでうまく言えなかったところを
再検討

復習メモ

（1）Joan「ベッドをもう１つ作るのに何が必要？」

【レッスンでのやりとり】

Joan：	What do we need to make one more bed?

ジョアン： もう１つベッドを作るには何が必要なの？

Masa：	ワニ？ ホワイ？ … One more please.

私： （えっ？ワニって言った？ホワイの聞き間違いかな？）もう一回
言ってもらえる？

　文字にしたら何てことはない質問だけれど、レッスンでは What
do we need のところが聞きとれず Why のことかと思って、ベッ
ドをもう１つ作る理由を聞かれているのかと勘違いしてしまった。

　原因としては What do we という表現に慣れていなかったこと
と、これが「ワドゥイ」のようにつながった状態で発音されること
が挙げられそう。英語では最初に疑問詞が出てくるから、文の最初
は本当に強く意識して聞くようにしよう。

【模範解答例】

| Joan： | What do we need to make one more bed? |

| ジョアン： | もう1つベッドを作るには何が必要なの？ |

| Masa： | It takes three pieces of wool that come from sheep. |

| 私： | 3つの羊毛が必要で、羊毛は羊からゲットできるよ。 |

(2) Joan「料理の仕方は？」

【レッスンでのやりとり】

| Joan： | How to cook the food? |

| ジョアン： | 食料の料理の仕方は？ |

| Masa： | How? Aw… we get porkchop or chicken or beef.
And to make cook porkchop, chicken, beef to the furnace. |

| 私： | How？（どうやって料理するのか、かぁ…）えーと、まず豚肉か鶏肉か牛肉をゲットするでしょ…。それから、それらを料理するには豚肉か鶏肉か牛肉をかまどに…。 |

　Joan から How? と聞かれたときに、（まず豚肉か鶏肉か牛肉をゲットするでしょ…）と考えたため、英語で返答するときも get porkchop or chicken or beef と具体的な物を挙げていって、そ

のために妙に時間がかかって焦ってしまった。この場合、食材は重要ではなかったので raw meat（生肉）で統一してしまえばよかった。

　あと、（それらを料理するには豚肉か鶏肉か牛肉をかまどに…）のところは主語がちゃんと置けていない。この場合、We か You のような人主語を持ってきて、その主語がどうする・何を、という流れで文を作らないといけなかった。日本語で思いついたままに話すのはよくない。

【模範解答例】

Joan：	How to cook the food?
ジョアン：	食料の料理の仕方は？

Masa：	If you have some raw meat, put them into a furnace with fuel.
私：	生の肉を持っているなら、それを燃料と一緒にかまどに入れればいいよ。

（3）Joan「燃料は何が必要？」

【レッスンでのやりとり】

Joan：	What do we need for fuel?
ジョアン：	燃料には何が必要？

Masa：	Call ore or would.

私：　　　（石炭や木材だから coal ore または woods だな）

　Joan から燃料について質問されて coal ore or woods と言ったつもりだったけれど、あとでレコーダーアプリの文字起こしを見てみると、call ore or would になっていた…。coal と wood の発音練習を頑張ろう。

　wood が伝わらない場合は、planks（木材）のような言いやすい単語を使ったり、wood planks（木の板）としてもよいかもしれない。発音はすぐに直せないけれど、単語を工夫することで伝わりやすくすることはできる。いろいろ工夫してみよう。

【模範解答例】

Joan：　　What do we need for fuel?

ジョアン：　燃料には何が必要？

Masa：　　We can use coals or planks as fuel.

私：　　　石炭や木材を燃料として使用できるよ。

2022/09/29 Day2（9/29）雑感

**2 コマ目が Joan の都合で
キャンセルになり、他の先生の代講に**

雑感

　今日は 1 回目のレッスンを終えたところで、Joan からキャンセルの申し出があった。体調不良のため薬局に薬を買いにいきたいと

のこと。「そりゃ、体調優先すべきだから問題ないよー」と伝えて、他の先生の代講を受けることに。

　その代講だけど、あまり楽しくはなかったな…。当然、マイクラはできなくて、普通のフリートークで25分過ぎていった感じ。

　代講の先生は早口で話す人で、年は自分と同じくらいかな。Joanと比べると、こちらは相手の話を聞くばかりになって、正直面白くない。代講の先生の話を聞きながら、Joanは話を聞き出すのが上手だったんだなーと妙に感心してしまった。

　あと、代講の先生とのやりとりで役に立ったのがレコーダーアプリの自動文字起こし機能。このおかげで、ほぼ一方的な相手の話もなんとか理解することができた。難しい単語が出てきてもテキストで確認すると意味がとれる。やはり自動文字起こし機能は英会話レッスンに必須だと思った。

　問題は、レコーダーアプリを動かしているスマホがレッスンルームの画面を表示しているパソコンから離れたところにあると、なかなか目をそちらに向けられないこと。欲を言えば、レッスンルーム内に文字起こし機能を実装してほしいな。

2022/09/30 Day3（9/30）準備

レッスンの最初にJoanの体調確認をする

Hi, Joan. Good morning.
Are you feeling any better now?
…
Don't worry about it.

I enjoyed conversation with substitute teacher yesterday.

やあ、ジョアン。おはよう。
体調は良くなった？
（キャンセルの件が話題に挙がったら）
心配しなくて大丈夫。代講の先生との会話を楽しんだからさ。

　おそらく代講の件についても聞かれるだろうから、あらかじめ文言を考えておいた。実際はあまり楽しめなかったけれど、その件に関してレッスン時間を使うのも微妙なので、サラッと流すことにしよう。

聞きとれなかったときに聞き直す表現

Could you say that again?
Just to confirm, did you say " ～ "?

もう一度言ってもらえますか？ 確認だけど、「～」って言った？

　これまで聞き直すときには "One more please." と言ってしまっていたけど、これは本来、レストランなどで同じ物を追加で注文するときに使う表現。訳すならば「もう１つ、お願い」という感じ。Joan はわかってくれているが、この癖は直す必要がある。

2022/09/30 Day3（9/30）復習

Joan とのやりとりでうまく言えなかった
ところを再検討

復習メモ

（1）Joan がウィッチの毒にやられて焦っているときの声掛け

【レッスンでのやりとり】

Joan：	Oh, maybe I will die.

ジョアン：	（毒のダメージをガツガツ受けて）あぁ、たぶん死んでしまうわ。

Masa：	Poisonous will disappear. It's not …, it's not …. Umm, health is one at least. You are safe.

私：	毒は消えるよ。（その毒では死なないって言うには…）その毒は… ない、…ない（あれ？何て言えばいいんだ？）。えーと、体力が少 なくとも1残るから大丈夫だよ。

　ウィッチが投げてきた毒を食らってJoanがすごく焦っていたの
で、「死なないから大丈夫」ということを伝えたかった。しかし、レッ
スンでは「その毒では〜ない」のところを It's not … と言い始め
てしまったため、その後の言葉に詰まってしまった。死ぬ・死なな
いのは誰なのかと考えれば、Joan なのだから You を主語にすれ
ばよかった。適切ではない主語を選んでしまうと後が続かないとい
う好例。気をつけよう。

　あと「体力が少なくとも1残る」について health という単語が
出てきたのはよかったけれど、Your health にしたほうがよかった。
あと「1残る」は keep one という表現があるので覚えておこう。

【模範解答例】

Joan：	Oh, maybe I will die

ジョアン：　あぁ、たぶん死んでしまうわ。

Masa：　You don't die from poison.
　　　　Your health will keep at least one.
　　　　And poisonous will disappear as time passes.

私：　毒では死なないよ。少なくとも体力が一つは残るから。それに、
　　　時間が経てば毒は消えるよ。

（2）Joan「シャベルって何に使うの？」

【レッスンでのやりとり】

Joan：　What do you use shovel for?

ジョアン：　シャベルって何に使うの？

Masa：　We usually dig the dirt. We get dirt faster.

私：　（よく聞きとれなかったけどシャベルの用途かな？）普段、土を掘つ
　　　てるよ。より早く土を集められるんだ。

　この Joan のセリフは聞きとりが難しかった。レッスンの後で聞き直してみたら、do you use shovel の部分の発音が「ドゥユーショベル」で「ショ」の前に子音の s だけの音が入る感じだった。

　初見でこれを聞きとるのは難易度高いなぁ。you と use の u 音がくっついて、use と shovel の s 音がくっついている。こんなに連続して音がくっつくことがあるんだな…と感心してしまった。

　あと、Joan の「シャベルって何に使うの？」という質問に対して、

We usually dig the dirt. We get dirt faster. と答えたけど、これだと「私たちは普段土を掘っています。より早く土をゲットしています。」という意味になって、Joan の質問に答えたことになっていないことにも復習をしていて気づいた。(せめて with a shovel を付け加える必要がある。)

こういう場合は、相手の言葉を流用させてもらって We use shovel for … というところまで流れ作業で言葉にすると間違いがなさそう。あとの for 以降はたぶん何とかなると思う。質問に対してはオリジナルで英文(主語・動詞)を考えるんじゃなくて、相手の言葉を流用するのが大事。

【模範解答例】

Joan： What do you use shovel for?

ジョアン： シャベルって何に使うの？

Masa： We use shovel for getting dirt faster.

私： 土を早くゲットするためにシャベルを使っているよ。

(3) Joan「苗木は何日で育つの？」

【レッスンでのやりとり】

Joan： How many days are they going to grow?

ジョアン： (苗木は木になるという話の流れで)何日で育つの？

Masa： It's random grow.

私：　　（えーと、ランダムだなぁ…）ランダム成長です。

「ランダムに育つ」ということを言いたくて、random grow がパッと出てきたけれど、これはちゃんとした英文になっていない…。まず、苗木（they）を主語にした上で、動詞に grow、その後に randomly ともってくる必要がある。

自分の傾向として、本来は動詞として使うべき単語（ここでは grow）を名詞として使ってしまうことが多いので気をつけよう。(個人的には、理系男子に多い傾向じゃないかぁと思う…)

【模範解答例】

Joan：	How many days are they going to grow?

ジョアン：	何日で育つの？

Masa：	They grow randomly. Normally two in-game days or three.

私：	ランダムに育つよ。通常はゲーム内時間で2、3日かな。

2022/09/30 レッスン1週目を終えて

うまく言えなかったセリフにこそ伸び代がある

雑感

うまく言えなかったセリフをそのままにしておくと、次に同じような場面に出くわしたときにも、きっとうまく言えない。何に引っかかってしまったのかを分析して、次回こそはうまく言えるようにしていこう。

なお、いまのところ自分が引っかかりやすいのは次のような項目。

・名詞（主語 or 目的語）がわからなかった
・動詞がわからなかった
・どう単語を並べたらよいかわからなかった（目的語が最初に思い
　浮かんでしまった）
・どう単語を並べたらよいかわからなかった（不適切な主語を選ん
　でしまった→動詞が続かない）

　自分のミスを必ず言語化していくこと。英会話ができるようにな
るというのは、こういう一つひとつを洗い出して、自分が使える表
現を積み重ねていくという地道な作業だと思う。

レッスン2週目

2022/10/03-2022/10/09　レッスン6回（2回×3日）

2022/10/03 Day4（10/4）準備

準備メモ

今回やりたいことをざっくり伝える

I'd like to get some iron ore to make two shields.
Is that OK?
...
We need some stone pickaxes to dig.
Do you have some?
...
Let's dig underground to find some iron ore.

盾を2つ作るのに鉄鉱石をいくつかゲットしたいな。いいかな？
（OKの前提で）
掘るのに石のツルハシがいくつかいるね。何個か持ってる？
よし、それじゃあ鉄鉱石を見つけに地下を掘っていこう。

言いたいことを考え中であることを伝える表現

Well
Let me see.
How should I say this?
Could you give me a few more minutes?

えーと…
ちょっと待って。

なんて言ったらいいかな…

もう少し時間をもらえますか?

　レッスン中に「いま考え中だから、ちょっと待ってね」と伝えたいとき、これまでは Umm,Umm… とうなっていることが多かったけど、これだと何を考えているのか相手に伝わらない。なので、Let me see. や How should I say this? と言って、いま考え中であることを伝えるようにしなければいけないな。

　ちなみに「考え中」を I'm thinking now. と言うと、ロボットっぽい感じになる模様。独り言のようなつぶやきとしては How should I say this? のほうが使い勝手がよさそう。

2022/10/04 Day4（10/4）復習

**Joan とのやりとりでうまく言えなかった
ところを再検討**

復習メモ

（1）Joan「ゾンビ肉って食べていいものだったの！？」

【レッスンでのやりとり】

> **Joan :**　I thought we aren't allowed to eat it.

> ジョアン：　それ（ゾンビ肉）って食べちゃいけないものだと思っていたわ。

> **Masa :**　... Yes.

> 私：　（えーと…「そう思うよねー」って言いたいけど、どう言えばいい
> のかよくわからないから、とりあえず肯定しておこう）はい。

　「そう思うよねー」を英語でどう言えばよいのかわからなかったので Yes とだけ答えたけれど、これだと最低限の返答にしかなっていない。こういう類いの話が盛り上がる鉄板ネタに対しては、ちゃんと答えられるようになっておきたい。

　調べてみたところ、You would think so.（普通ならそう思うよね）という表現がピッタリ当てはまりそうだけど、この表現は少し複雑。元の You will think so.（きっとそう思うだろう）の現在形 will を過去形 would にすることによってぼかした表現になる（仮定法）。つまり、You would think so. は「まあそう思うよね」という感じ。

　もう少し補足すると、will を would にすることでぼかしたニュアンスになるのは、過去形を使うことで距離をとった表現になるため。その距離をとったときにどのような気持ちを込めるかは話し手次第。こういう婉曲的な表現を自分のものにするためにも積極的に使っていこう。

【模範解答例】

Joan：	I thought we aren't allowed to eat it.

ジョアン：　それ（ゾンビ肉）って食べちゃいけないものだと思っていたわ。

Masa：	Well, you would think so.

私：　　　まあ、普通そう思うよね。

（2）Joan「深いところにはお宝があるのね、どのくらいの深さにあるの？」

【レッスンでのやりとり】

Joan：	So the more we go deeper, the more we can see good items or rare items.

ジョアン：	深く掘っていくほど、より多くの良いアイテムや珍しいアイテムが見つかるってことね。

Masa：	Yes.

私：	そうだよ。

Joan：	How deep?

ジョアン：	深さはどれくらい？

Masa：	Mmm... We can find iron ore in the twenty to forty high level.

私：	（えーと、鉄鉱石は 20 から 40 くらいの高さだったと思うけど、「高さ 20 から 40 の間」ってどう言えばいいんだ？）鉄鉱石は、その 20 から 40 の高いレベルで見つけられるよ。

高さの表現がうまく言えなかった。レッスンでは high level と言ったけれど、これだと「高いレベル」という意味で、「高さ」の意味になっていない。高さは普通に height でよかった。

あと、「20 から 40 の間」を in the twenty to forty と表現したけれど the はいらないな。the が入っていると、「あの 20 から 40 の間」みたいな感じになるけれど、何のことを指しているのかわか

らない。何でも the をつければよいものではないので気をつけよう。

【模範解答例】

Joan：	How deep?

ジョアン：	深さはどれくらい？

Masa：	We can find iron ore in twenty to forty height.

私：	鉄鉱石は 20 〜 40 の高さのところで見つけられるよ。

(3) Joan「動くのがゆっくりなんだけど…」

【レッスンでのやりとり】

Joan：	My character is moving slow. What should I do?

ジョアン：	私のキャラクター、動くのがゆっくりなんだけど、どうしたらい い？

Masa：	You tap twice here. Can you do this center button tap twice?

私：	（あー、スニークモードになってるから、スニークを解除すれば大 丈夫なはず…）（自分のスマホ画面を見せながら）ここを 2 回タッ プして。この真ん中のボタンを 2 回タップできる？

　まず、スニークモードをどう言えばよいのかわからなかったけれ
ど、英語ではそのまま sneaking mode でよかったみたい。レッス

ンでは自分のスマホ画面を見せながら tap twice here（ここを 2 回タップする）で通じたけれど、言葉だけでも伝えられるようになりたい。

　スニークモードを普通のモードに変えるわけだから、you can change sneaking mode to normal mode で大丈夫。あとは tap twice だと、シンプルに 2 回タップすることしか伝えられていない。モード切り替えには素早く 2 回タップする必要があって、これは double-tap（ダブルタップ）と言うらしい。移動関連のボタンは controls と呼ぶらしいから、これらを合わせて by double-tapping the center button of the controls（移動ボタンの真ん中のボタンをダブルタップすることで）で大丈夫そう。

　こういう表現がスラスラ出てくるようになりたいところ。

【模範解答例】

Joan：	My character is moving slow. What should I do?
ジョアン：	私のキャラクター、動くのがゆっくりなんだけど、どうしたらいい？
Masa：	You are in sneaking mode now. You can change it to normal mode by double-tapping the center button of the controls.
私：	スニークモードになってるよ。移動ボタンの真ん中のボタンを 2 回連続タップすれば普通のモードに変更できるんだ。

2022/10/04 Day5（10/5）準備

Joan のテスト勉強の進み具合を聞く

How is your study for exams?

テスト勉強はどんな感じ？

　Joan がこの前のレッスンで試験が近いことを言っていたので、次のレッスンの冒頭で進み具合を確認。試験勉強のせいでレッスン予約が入れにくくならないといいなぁ。

マイクラをプレイする前の伝達事項

I have two shields, so I'll give you one.
You can equip a shield in crafting menu.
We can use a shield in sneaking mode.
I digged around after yesterday lesson.
But I couldn't find an iron ore.
So I went down to the dungeon where we found yesterday.
I found two iron ores there.

盾を2つ持っているから、1つあげるね。クラフトメニューから盾を装備できるよ。盾はスニークモードで使えるんだ。
昨日のレッスンの後、あのあたりを掘ってみたんだけど、鉄鉱石が見つからなくてね。それで、昨日見つけた洞窟に行ってみたんだけど、そこで2つ鉄鉱石を見つけたんだ。

　マイクラ英会話のレッスンだけでは、なかなか進められないので、レッスンが終わった後にもマイクラのプレイをして前に進めている。このあたり、相手がもう少しマイクラに慣れている人だった

ら、レッスン内だけでもサクサク進められるかもしれないなー。

2022/10/05 Day5（10/5）復習

復習メモ

Joan とのやりとりでうまく言えなかった
ところを再検討

（1）Joan「ここには羊が何匹かいるのね」

【レッスンでのやりとり】

Joan：	There are some sheep here. Can we make a farm?

ジョアン：	ここには羊が何匹かいるのね。牧場を作ってもいいかしら？

Masa：	Oh yes. We need a wheat to make a baby.

私：	うん、大丈夫。（牧場ってことは繁殖させたいってことだよな…） 赤ちゃんを作るのには小麦が必要だよ。

　そこらにいる羊を見て Joan が牧場を作りたがっていたので、「繁殖には小麦が必要だよ」と伝えたかったんだけど、少し怪しい英文になってしまった。まあ、意味は通じていたので、あまり気にしないでもいいかもしれないけど…。

　まず、牧場を作っていいか？という提案に対して yes だけしか答えていないけれど、個人的にはすごくいい提案だと思っていたから、そういう雰囲気が伝わるように let's make a farm くらい言ったほうがよかったと思う。

　次に、we need a wheat と言っているけど、これだと（アイテムとしての）小麦1つで赤ちゃんが作れるみたいな感じになってしまう。正確には小麦は2つ必要なので、ここは some wheat としておいた方が無難だったと思う。

　最後に、to make a baby のところ、レッスンでは意図は通じていたと思うけど、これ文字通りに解釈すると「（私たちが）赤ちゃんを作るために」になっているような気がする。a baby を a baby sheep としたら良かったかな。もっと言えば、Sheep can be bred using wheat（小麦を使って、羊は繁殖させられる）の方が正確だと思う。細かいところだけど、より意図が伝わりやすい表現を使うように気をつけたい。

【模範解答例】

Joan：	There are some sheep here. Can we make a farm?

ジョアン：	ここには羊が何匹かいるのね。牧場を作ってもいいかしら？

Masa：	Oh yes, let's make a farm! Sheep can be bred using wheat.

私：	うん、大丈夫。牧場を作ろっか！小麦を使えば羊は繁殖させられるよ。

（2）Joan「あの馬は使えるの？」

【レッスンでのやりとり】

Joan :	Is that a donkey or a horse?

ジョアン：	あれはロバ？それとも馬？

Masa :	Oh, it's a horse. Black horse.

私：	おっ、あれは馬だね。黒い馬だ。

Joan :	Can we use the horse?

ジョアン：	あの馬は使えるの？

Masa :	Yes, we can use him, but we need a tool to ride. Seat, seat … Umm.

私：	うん、使えるよ。でも乗るのに道具が必要で…。（鞍って英語で何て言うんだっけ…？）席、席…（seat じゃないよな…）、うーん。

　シンプルに「鞍」を英語で何て言えばよいのかわからなかった。鞍は saddle らしい。あー、聞いたことあるわ。自転車のサドルと同じか…。

　あと、より正確に言えば、マイクラでは馬に乗るだけだったら鞍がなくても大丈夫だった。馬を走らせるのに鞍が必要なので、正しくは we need a saddle to ride and run a horse（馬に乗って走らせるのに鞍が必要）と言えばよかった。

【模範解答例】

Joan :	Can we use the horse?

> ジョアン：　あの馬は使えるの？
>
> Masa：　Yes, we can use him, but we need a saddle to ride and run a horse.
>
> 私：　うん、使えるよ。でも馬に乗って走らせるのには鞍が必要だよ。

2022/10/05 Day5（10/5）雑感

目的のない会話に意味を見いだせない

雑 感

　表現するのが難しいけれど、英会話レッスンのフリートークで普通の日常会話をすることに、自分は意味を見いだせないんだよなぁ。

　その理由を端的に言えば「目的がない」から。たとえば、フリートークでうまく言えなくても、あまり痛みを感じないと言えばいいかな。

　あくまで自分の場合だけど、ただのフリートークだったら、「うまく言えなかったこと」をレッスン後にわざわざ振り返って、どう言えばよかったかなんて考えようって気にならないんだよな。

　でもこれが、マイクラを一緒にプレイしている仲間との会話ってなると、同じような日常会話でも意味のもたせ方が全然変わってきてしまう。

　マイクラをスムーズにプレイするために、相手の性格も理解しようとするし、その人がいま置かれている状況（何が気になっているのか、体調は大丈夫か、学校はテスト期間なのか、など）も理解しようとする。

要するに、何かを一緒にやらないといけない相手と話をすること
には意味を感じる。協力プレイの質を上げるために、ちゃんと伝え
ないといけないと思うし、うまく言えなかったことがあったら、次
回までにどう言えばよかったのか考えようって気になる。

　このような観点で、自分にとって「マイクラ英会話」は、英会話
に意味付けをしてくれる救世主みたいなものだなと思った。

2022/10/05 Day6（10/6）準備

今回のレッスンで Joan にお願いしたいこと

準備メモ

> Could you make a shelter near wheat field and sheep
> farm?
> Dirt is enough for the material of the shelter.
> If you don't have a shovel, you should make one to get
> a lot of dirt blocks.

小麦畑と羊の牧場の近くに避難所を作ってもらえるかな？

避難所の素材は土で十分。もしシャベルを持っていなかったら作ってね。たく
さんの土ブロックをゲットしやすくなるから。

マイクラで足元にブロックを置く方法を Joan に教える（想定問答）

> I'd like to tell you how to place blocks under you.
> 1. Aim the ground at your feet.
> 2. Have a dirt in your hand.
> 3. Jump in the air.
> 4. While the player is in the air, quickly tap the ground
>   and place the block.

> **You can escape from zombies by placing blocks under you.**

足元にブロックを置く方法を教えておくね。
1. 足元の地面に狙いを定めて
2. 手に土ブロックを持って
3. 空中にジャンプ
4. キャラが空中にいる間に、素早く地面をタップして、ブロックを置く

足元にブロックを積むことで、ゾンビから逃げることができるよ。

　ゾンビに襲われたときの対処法として、1体くらいならやっつけられるけど、相手が複数体になるとやられてしまうから、一番簡単な回避方法として足元にブロックを置いて高いところに逃げる方法を伝えておこう。

2022/10/06 Day6（10/6）復習

復習メモ

Joan とのやりとりでうまく言えなかった
ところを再検討

（1）Joan「普段どうやって職場まで行っているの？」

【レッスンでのやりとり】

> **Joan:　Is your office far from your home?**

ジョアン:　職場は家から遠いの？

> **Masa:　It takes 30 minutes from door to door.**

私：	ドアツードアで30分だね。

Joan：	How do you go to your office?

ジョアン：	普段どうやって職場まで行っているの？

Masa：	I walk to the station from my house. I get on a train and get off the train at the last station. I ride a bicycle to my office. That's all.

私：	（えーと、どうやって行っているか順に挙げていくと…）家から駅まで歩いていくでしょ。電車に乗る、そして終点で降りる。自転車に乗って、職場に。これで全部だね。

　「どうやって職場まで行っているの？」という質問に対して一つひとつ順を追って説明していったけれど、これだと言うほうも大変だし、聞くほうも大変。情報の取捨選択をするべきだった。電車と自転車なのだから、シンプルに I go to the office by train and bicycle.（電車と自転車で行ってるよ）でよかったな…。

　日本語のやりとりでは普通に取捨選択ができているのに、英語となると目の前のことを話すのに一生懸命になりすぎて、情報をまとめるという意識が抜けてしまう。聞かれていることに正確に全て答えようとしないことが大事。

　ポイントだけ答えるようにすると、答えるスピードが上がるし、その答えが不十分であれば相手が追加で質問をしてきてくれる。複数回やりとりする前提で、もっとテンポよく答えるように心がけよう。

【模範解答例】

Joan： How do you go to your office?

ジョアン： 普段どうやって職場まで行っているの？

Masa： I go to the office by train and bicycle.

私： 電車と自転車で行ってるよ。

(2) Joan「土に草が生えるのはなぜ？」

【レッスンでのやりとり】

Joan： Why do some dirt have grass?

ジョアン： どうしていくつかの土は草が生えているの？

Masa： Hmm..., it happens randomly.

私： （えぇ…草が生える理由かぁ、ランダムに生えるって何て言えばい
いんだろう…）うーん…、ランダムに起こっているかな。

　この質問はとても返答に困った。頭の中では「草は土の上にラン
ダムに生えるよ」なんだけれど、動詞がさっぱり出てこなかった。

　調べた結果、form（形成する）という動詞を使えばいいみたい。
Grass forms on dirt blocks（草は土ブロックの上に形成される）
として、その後に randomly（ランダムに）を加えたら完成。…だ
けど、次に同じような場面になったときにパッと出てくる自信はな
いなぁ。

| Joan： | Why do some dirt have grass? |

| ジョアン： | どうしていくつかの土は草が生えているの？ |

| Masa： | Grass forms on dirt blocks randomly. |

| 私： | 草は土ブロックの上にランダムに形成されるんだ。 |

（3）Joan「ちょっと調子が悪い」

【レッスンでのやりとり】

| Masa： | Oh, it's about to night time. Let's go to sleep. |

| 私： | おっと、もう夜になりそう。寝ましょうか。 |

| Joan： | OK. I'm a little bit sick. |

| ジョアン： | オーケー。私、ちょっと調子が悪いわ。 |

| Masa： | ??? |

| 私： | （ん？ sick って言ったような気がするけど、どういう意味だろう？ ベッドで寝るときに言う決まり文句だったりするのかな？） |

　ここは大いに反省しないといけない箇所。マイクラでベッドに入ったタイミングで "I'm a little bit sick." と言われたから、そういうベッドで寝るときに言う決まり文句のようなものなのかな？とか、いやただの聞き間違いかな？と思って、スルーしてしまった。

　でも、ジョアンは体調不良でレッスンをお休みしたりしているから、やっぱり聞き直して大丈夫かどうか声をかけるべきだった。次回のレッスンの最初に謝っておこう。

【模範解答例】

Masa：	Oh, it's about to night time. Let's go to sleep.
私：	おっと、もう夜になりそう。寝ましょうか。
Joan：	OK. I'm a little bit sick.
ジョアン：	オーケー。私、ちょっと調子が悪いわ。
Masa：	Did you say "sick"? Are you OK?
私：	"sick" って言った？大丈夫？

2022/10/09 レッスン 2 週目を終えて

音読練習ができていない

雑感

　その日のレッスンが終わった後に、復習をする習慣はつけられた。うまく言えなかったセリフにこそ伸び代が詰まっているから、何が引っかかってしまったのか分析をするのは重要。

　さて、分析をして、どう言えばよかったのかまでは流れ作業でできるようになったんだけど、その英語表現を音読練習することができていない。

分析・復習をしたら、そのまま次のレッスンの事前準備をしてしまうんだよな。何かうまい具合に、音読練習を組み込めるといいんだけれど…。

レッスン３週目

2022/10/10-2022/10/16 レッスン３回（1回×1日、2回×1日）

2022/10/12 Day7（10/13）準備

準備メモ

Joan に体調確認をするのと
前回スルーしてしまったことを謝る

How are you feeling today?
Speaking of which, I'm sorry not to hear that you were a little bit sick last lesson.
I got it when I listened to the recorded voice.
Feel free to tell me if you're not feeling well anytime.

今日の調子はどう？
ところで、前回のレッスンであなたが「調子が少し悪い」って言ったセリフを聞きとれなくて申し訳なかったです。録音した音声を聞いてわかったんだ。もし調子がよくなかったら、いつでも気兼ねなく言ってきてね。

　冷静に考えると、Joan は20歳そこそこくらいの大学生。はっきりと体調不良を訴えることに慣れていない部分もあるんだろうなと思う。特にレッスン中とかだと我慢してしまいやすいだろうから、そのあたりは気をつけてみてあげないといけないな。

マイクラをプレイする前の伝達事項

I have two things to tell you about our Minecraft world.
The first is about paths.
I made dirt paths that connect 1st shelter and 2nd shelter.
We can go and come to both places easily.

The second one is about crops.
I took some bones from the chest box in our 1st shelter.
So we can make a bone meal from it.
Bone meal is a fertilizer for most plants.
To grow a crop, hold the meal and tap on the crop.
Keep in mind. Bone meal can take a few tries to grow.

我々のワールドについて 2 つ伝えたいことがあるんだ。

1 つ目は道について。第 1 避難所と第 2 避難所をつなぐ道を作っておいたよ。これで簡単に行き来ができるね。

2 つ目は農作物について。第 1 避難所のチェストから骨をとってきたんだ。これで骨粉を作ることができて、骨粉は多くの植物の肥料になる。

農作物を育てるには、骨粉を手に持った状態で農作物をタップするといいよ。でも、注意して。骨粉は何度かあげてみないと、育たないこともあるからね。

今回のレッスン中に言いそうなこと
（1） 小麦の収穫方法について

We can get one wheat when a wheat crop is fully grown.
If a crop isn't fully grown, it just drops one seed.

農作物の小麦が完全に成長すると、アイテムの小麦を 1 個ゲットできるよ。

もし農作物の小麦が十分に成長しきっていなかったら、種を 1 個しか落とさないんだよね。

（2） 羊の繁殖方法について

Wheat can be used to breed sheep.
If we use wheat on two of them, they get into "Love

> Mode" and born a baby sheep.

小麦は羊の繁殖に使えるよ。羊2匹に小麦を使えば、お互い「ラブモード」になっ
て、羊の赤ちゃんが生まれるってわけ。

　今回のレッスンでは畑作りをして、そこから得られた小麦を使っ
て牧場の羊を繁殖させられたらいいかな。

2022/10/13 Day7（10/13）復習

Joan とのやりとりでうまく言えなかった ところを再検討

復習メモ

（1）Joan「マイクラのバージョンってどうやって確認できるの？」
※以下はマイクラでアップデートがあり、Joan のマイクラが最新
　版になっているかどうかを確認したときの会話です。

【レッスンでのやりとり】

> **Joan：**　How can I see my version?

ジョアン：　バージョンってどうやって確認できるの？

> **Masa：**　If you set your Minecraft opening screen, you can find the number the right bottom.

私：　（えーと、バージョン番号はマイクラを立ち上げた画面の右下にあ
　　　るから…）マイクラのオープニング画面を立ち上げたら、その番
　　　号を右下に見つけられるよ。

かなりたどたどしい言い方になってしまったけれど、何とか伝えられてホッとした一コマ。ただ、改めて見直してみると改善点がチラホラ見受けられる。

　まず、質問に答えるときの英文の主語・動詞に関しては、Joan から "How can I see …?" と聞かれているので、You can find/see で言い始めるのが自然な流れだと思う。疑問文は相手のセリフ内の主語・動詞を流用したほうがスムーズに返答できるので積極的にパクっていきたい。

　次に、「右下・左下」という表現だけど、英語では bottom right（下右）や bottom left（下左）と表現するらしく、right bottom（右下）とは言わないみたい。日本語の「右下」と順番が違うことに注意が必要。

　あと、右下にあることを表すときには前置詞が必要。at the bottom right（右下に）と at を加える必要がある。これらを合わせると、You can find it at the bottom right in your Minecraft opening screen.（マイクラのオープニング画面の右下にあるよ）となる。

【模範解答例】

Joan：	How can I see my version?

ジョアン：	バージョンってどうやって確認できるの？

Masa：	You can find it at the bottom right in your Minecraft opening screen.

私：	マイクラのオープニング画面の右下にあるよ。

　なお、"bottom right" と「右下」について詳しく調べてみると、この順番は「文字を書いていく順」に従っているらしい。

　つまり、英語では文を書くときに、一番上の行の左から右へ、一行目が終わったら1つ下の二行目の左から右へ書いていく。ここから top-left, top-right, bottom-left, bottom-right という順番になっているとのこと。

　一方で、日本語では文を書くときに、一番右の列の上から下へ、一列目が終わったら1つ左の二列目の上から下へ書いていく。ここから 右上、右下、左上、左下 という順番になるとのこと。なるほど、言語って面白いなぁ。

(2) Joan「残りの骨粉を使ってもいい？」

【レッスンでのやりとり】

Joan：	Can I put the remaining bone meal?

ジョアン：	残りの骨粉を使ってもいい？

Masa：	Remaining? remaining, remaining... Did you say "remaining"?

私：	(Can I remaining bone meal って言った？ remaining って「余り」じゃなかったっけ？あれ、違ったっけ？) remaining って言った？

Joan：	Yes, "remaining" like... bone meal left.

ジョアン：	うん、"remaining" っていうのは… 残りの骨粉ってこと。

Masa :	Mmm, I don't get it.

私 ：　　　（left ？出発？どこに？）うーん、よくわからないや。

　レッスンで "Can I put the remaining bone meal?" と言われたとき、put のところがうまく聞きとれず、remaining を動詞のように受け取ってしまったため、意味がとれなくなってしまった。put と the がくっついて「プッザ」のように一瞬で通り過ぎていってしまったのと、remaining が進行形のように聞こえてしまったんだよなぁ。

　しばらくわからなくてうなった後、Did you say "remaining"? と言って、Joan にボールを返すことができたのはよかったんだけど、重要なのは remaining ではなくて Can I put のほうだったから、Could you say that again? と言って、英文全体を聞き直したほうがよかった。

　相手のセリフを聞いて、最初の疑問詞や主語・動詞がつかめていないと思ったら、英文全体の聞き直しをするようにしよう。

【模範解答例】

Joan :	Can I put the remaining bone meal?

ジョアン：　残りの骨粉を使ってもいい？

Masa :	Remaining? ... Could you say that again?

私 ：　　　Remaining ？もう一回言ってもらってもいい？

2022/10/13 Day7（10/13）雑感

マイクラ英会話をする日を固定したい

　今日のマイクラ英会話はかなり話せた手応えがあった。これはやっぱりちゃんと準備したからだと思う。ちゃんと事前に準備しておけば、レッスン中に自分の言いたいことが話せる割合が上がるのは間違いない。

　でも、ちゃんと準備できたのは時間的な余裕があったからで、そんな時間的な余裕があった理由は、前回のレッスン以降、Joan のスケジュールに空きがなくて、予約をなかなか入れられなかったから。要するに、自分としては不可抗力だったんだよなぁ。

　それで、そういうふうにマイクラ英会話ができない期間が長くなってくるとモチベーションが下がってしまって、復習や準備にも身が入らなくなってきてしまう。

　やっぱり、マイクラ英会話をする日を固定したほうが、準備や復習といったルーティンを回すという観点からも良いと思う。たとえば、月・水・金の週3日 13:00-14:00 のように固定できたら、いつ復習をして、いつ準備をするのか、だいたいの目安を立てることができるようになる。

　でも、いまのように相手が直前までレアジョブに予定を入れてくれなかったり、試験勉強などでお休みしたりすると、次にマイクラ英会話ができるのがいつになるのかなかなか決まらない。レアジョブに毎週の特定時間をあらかじめ予約しておけるプランなんかがあればいいんだけどなぁ。

　なお、マイクラ英会話をやるとレッスンが終わった先から「はや

く次のレッスンを予約したい！」となるから、マイクラ英会話はやっぱり効果的だと思う。正確に言えば「英会話がやりたい」ではなく「マイクラを進めたい」だけど（笑）

　まあ、マイクラ英会話は「英会話の継続」に役立つのは間違いないから、多くの人に試してみてほしいし、マイクラ英会話に適したプランなんかも整っていくといいなぁ。

2022/10/14 Day8（10/14）準備

準備メモ

今回やりたいこととその準備について伝える

> I'd like to explore a dungeon to get many iron ores.
> I think we need axe, pickaxe, shield, food, torch, wood planks, and wood sticks.
> We need 60 iron ores to make a full iron armor for both.

> 鉄鉱石をたくさん集めるために洞窟を探索できればと思ってるんだ。
> 必要なのは、斧・ツルハシ・盾・食料・たいまつ・木材・木の棒。
> お互いの鉄装備をフルでそろえるのに60個の鉄鉱石がいるんだよね。

　畑や牧場などを含めた拠点づくりもひと段落したので、次は鉄鉱石などの資材集めに取り掛かろう。洞窟に行く前に準備しておくべきものも伝えておこう。

鉄のツルハシの作り方をJoanに教える（想定問答）

> Before we leave for a dungeon, we should make an iron pickaxe.
> Iron pickaxe can mine diamond ore and Redstone ore.

It takes three iron ingots and some sticks to make an iron pickaxe.
We can get iron ingots to put raw iron into a furnace with fuel.

洞窟に向けて出発する前に、鉄のツルハシを作っておいたほうがいいかな。

鉄のツルハシだとダイヤモンドやレッドストーン鉱石を掘り出せるんだ。

鉄のツルハシを作るには、3 個の鉄インゴットといくつかの棒が必要だね。鉄インゴットはかまどに鉄の原石と燃料を入れることで手に入れられるよ。

レッドストーンの使い道を Joan に伝える（想定問答）

We can make a compass with one Redstone dust and four iron ingots.
We need a compass to make a map with a location marker.

コンパスを作るのに、1 つのレッドストーンダストと 4 つの鉄インゴットが必要なんだ。

コンパスはプレイヤーの位置マーカー付きの地図を作るのに使うよ。

　日本語であればレッドストーンダストの使い道なんて簡単に説明できるけど、英語となると途端に難易度が上がる。これからネザーなどにも行くだろうから、そこで出てくるアイテムについても事前に説明文を考えておいたほうがよさそう。

表現の型を使い回す

雑感

　これまで Joan にいろんな道具の作り方を説明してきたけれど、何度も説明しているうちに、同じような表現を使い回すようになってきた。

It takes three iron ingots and some sticks to make an iron pickaxe.

鉄のツルハシを作るのに、3つの鉄のインゴットといくつかの棒が必要です

　「It takes 素材 to make 道具 .」という構文があるわけではないけれど、何度もこのパターンで説明するから、自然と覚えていってしまう。

　たぶん英会話上級者の方々はこういう表現の引き出しをたくさんもっていて、英単語の部分を入れ替えて使っているんだろうな。そう思ったら、パターンを増やしていけばいいだけで、英会話もそんなに難しくないなって思えてきた。

レッスン 4 週目

2022/10/17-2022/10/23 レッスン 6 回（1 回 × 4 日、2 回 × 1 日）

　4 週目は復習メモと準備メモの内容がかなり重複していたので、重複が多い日については復習メモの内容を準備メモにまとめています。

2022/10/17 Day9（10/17）準備

前回、鍾乳石を落として死亡させて
しまったことを謝る

準備メモ

> Last lesson, I'm sorry for making you dead in Minecraft.
> There was a pointed dripstone above you and I broke it,
> then it hit you. I didn't get what happened.
> Now I understand, so I'll be more careful next
> time.

前のレッスン、マイクラであなたを死亡させてしまってごめんね。

あなたの上に鍾乳石があって、それを私が壊したら、鍾乳石がヒットしてしまったんだ。何が起きたのかわからなかったよ。

でも、いまはわかったから、次回以降はもっと気をつけるね。

　前回のレッスンでは、鍾乳洞を探索していたんだけれど、ほんとに何気なく鍾乳石を壊したら、それが落ちていって Joan に当たって死んでしまったんだよな。あのときは何が起きたのかよくわからなくて、ちゃんと謝れなかったから、レッスンの最初に改めて謝っておこう。

深い洞窟を探検するときの注意点を Joan に伝えておく

When we get down caves, we should do it slowly.
Let's get down where there is only one step so that we can easily return.

洞窟を降りていくときだけど、ゆっくり降りていったほうがいいよ。
すぐに戻れるように、段差が一つしかないところを選んで降りていくことにしよう。

　相手がマイクラに慣れている人だったら余計なお節介だと思うけれど、Joan はあまり上手じゃないから念のため伝えておこう。特に鍾乳洞だと石筍（せきじゅん）が生えていたりして、石筍に飛び降りるとダメージを受けるから要注意。あと、今回は１レッスン（25分）しか予約していないから、すぐに拠点に戻れるようなルートで探索しなくちゃいけないな。

2022/10/17 Day9（10/17）雑感

マイクラが人間性を引き出してくれている

　Joan は真面目な性格で、普段はちゃんと指示を仰いでくれるのに、実行するときはけっこう大胆。鍾乳洞の探索でも、帰り道を気にせずに飛び降りていっちゃうから、帰り道の確保とかをこっちがしなくちゃいけない。

　でも、こういうのって普通の英会話レッスンでは味わえないというか、わからない部分。マイクラというゲームが人間性を引き出してくれているんだよね。で、そういう人間性が感じられないと、やっぱり味気ないと思う。そういう意味で、マイクラ英会話はすごく面白いんだよなぁ。

2022/10/18 Day10（10/18）準備

準備メモ

今回やりたいこと

I'd like to explore the dungeon the same as last time. Is that OK?

前回と同じ洞窟を探検したいな。それでいい？

やっぱりマイクラをやるにあたって25分はすごく短い。今回も1レッスン分しか予約できていないから、サクッと始めていきたいところ。

深層岩の丸石について

Cobbled deepslate functions similar to cobblestone.
We can make tools from cobbled deepslate as well as cobblestone.

深層岩の丸石は普通の丸石と同じような働きをするよ。普通の丸石と同じように深層岩の丸石から道具が作れるんだ。

この前の探検で深層岩の地層が出てきていたから、そこでゲットできる深層岩の丸石が普通の丸石と同じように使えることについても説明しておこう。

洞窟を降りていくときの注意をリマインド

Be careful not to fall down.
Let's get down step by step.

落ちないように気をつけてね。1歩ずつ降りていこう。

前回も「ゆっくり降りていこう」と伝えたけど、結局 Joan は飛び降りて進んでたな。段差の大きいところをポンポン降りていかれると、戻るときに階段を作らなくちゃいけないし、元の場所がどこだったかルート探しも大変になるんだよなぁ。というわけで、まあ聞いてはくれないだろうけど、もう一度 Joan にリマインドしておこう。

洞窟の出口までの道を見せておく

I'll show you the route to the exit of this dungeon.

この洞窟の出口までの道を教えておくね。

　自分が敵にやられてしまっても Joan が洞窟から脱出できるように、帰り道を教えておこう。

2022/10/18 Day10（10/18）雑感

振り返りのときに完璧を求めないようにする

雑感

　レッスンを振り返って、うまく言えなかったところをどう言えばよかったか考える。でも、そのときに全てを完璧にしようと思ったら、初心者の頃はほぼ全てを見直さないといけなくなってしまう。それだと続けられない。だから、見直ししたいフレーズを3つくらい選ぶのがよいと思う。

・レッドストーンは何に使うのか？
・鍾乳石でダメージを受けた理由
・洞窟の地下に安全に降りていく方法

　これらを英語でどう言えばよかったのか考える。ピックアップの

基準としては、次のレッスンで話題にあげそうなネタを選ぶとよい。復習と予習を兼ねさせるというわけ。

　マイクラ英会話の良いところは、次はどうしようかなというネタがいくらでも出てくること。ネタに困らないのは本当に助かる。

2022/10/19 Day11（10/19）準備

準備メモ

今回やりたいこと

I'd like to mine a diamond ore which I found it yesterday. We can make diamond tools from some diamonds.

昨日見つけたダイヤモンド鉱石を掘り出したいな。いくつかのダイヤモンドがあれば、ダイヤモンドの道具を作れるんだ。

　前回の洞窟探索で見つけたダイヤモンド鉱石を掘り出そう。見えている範囲には1個しかなかったけれど、複数埋まっているといいなぁ。

石筍の上に飛び乗ったらダメージを受けることを Joan に伝える

You'll get damaged when you jump on a pointed dripstone.

鍾乳石の上に飛び乗るとダメージを受けるよ。

　石筍は正確には pointed dripstone ではなく stalagmites と呼ぶらしいけれど、言いにくいし覚えられないので、pointed dripstone で呼んでしまってよし。伝わっているので問題なし。

安全に洞窟を降りていく方法

I'll tell you how to get down a cave safely.
1. place a torch where it's dark
2. find a place with only one step
3. if you can't find it, place some blocks so that difference in the high level gets to be only one
4. get down a cave slowly

安全に洞窟を降りていく方法を教えるよ。
1. 暗い場所にはたいまつを置く
2. 段差が一つのところを見つける
3. 段差が一つのところが見つからなかったら、ブロックを置いて段差が一つになるようにする
4. ゆっくり洞窟を降りていく

　前回のレッスンでも伝えたけれど、相変わらず鍾乳洞の中を飛び降りていく Joan（笑）でも、あんまり言いすぎて萎縮させてしまってもよくないよなぁ。実際に言うかどうかは置いておいて、説明文だけは考えておこう。

2022/10/20 Day12（10/20）準備

　前回で洞窟探検がひと段落。
　今回は持ち帰った素材から道具や装備を作ろう。

準備メモ

Joan「普通のツルハシとダイヤモンドの
ツルハシの違いは何？」（想定問答）

Joan：　What's the difference between normal pickaxe

and diamond pickaxe?

ジョアン：　普通のツルハシとダイヤモンドのツルハシの違いは何？

Masa：　We can mine hardest block with a diamond pickaxe.
We can get obsidian blocks with a diamond pickaxe.

私：　ダイヤモンドのツルハシを使えば、最も硬いブロックも掘ることができるよ。ダイヤモンドのツルハシで、黒曜石がゲットできるんだ。

黒曜石の使い道

Obsidian is used to create a nether portal frame.
The nether portal teleports the player to the Nether.
So we can explore the Nether World.
We need at least ten obsidian blocks to make a nether portal frame.

黒曜石はネザーゲートの枠を作るのに使うよ。ネザーゲートでネザーに行けるようになるんだ。要するに、ネザーの世界を探検できるようになるってわけ。ネザーゲートを作るには少なくとも 10 個の黒曜石が必要だけどね。

Joan「何のツールを作るつもり？」（想定問答）

Joan：　What kind of tools are we going to make?

ジョアン：　何のツールを作るつもり？

Masa：　We are going to make a compass, shears, and

an iron pickaxe with iron ingots.
Shears are used to shear sheep to get wool.
It takes two iron ingots to make a shears.

私： 鉄インゴットを使って、コンパスとハサミ、後は鉄のツルハシを
作るつもり。
ハサミは羊から羊毛をゲットするのに使うよ。ハサミを作るには
2個の鉄インゴットが必要だね。

盾の耐久値を直しておくよ

Can you throw me your shield?
I'll repair your shield durable value.

あなたの盾を私に投げてくれる？盾の耐久値を直しておくよ。

　鉄インゴットがそこそこ集まっているので、鉄を使った道具をそ
ろえることにしよう。

2022/10/21 Day13（10/21）準備

伝達事項と今回やりたいこと

準備メモ

After last lesson, I was dead when I walked around this
base.
An Enderman beat me.
Be careful of Enderman who attacks you when your
eyes meet with him.
By the way, I'd like to go to the place where we mined
iron ores yesterday.

It is still dark around the place, so there may be many monsters.
We should put important things to the chest box.
For example, iron ingots or gold ingots.

前のレッスンの後、この拠点のまわりを歩いていたら死んでしまったんだ。エンダーマンにやられてしまってね。エンダーマンには気をつけて、あいつら目と目が合ったら攻撃してくるから。
ところで、昨日私たちが鉄鉱石を掘っていた場所に行きたいな。あの場所はまだ暗いから、敵がたくさんいるかもしれない。重要なものはチェストに入れておいたほうがいいね。鉄や金のインゴットなどだね。

　前回、鉄の道具や装備を作ったけれど、やはりまだまだ鉄が足りなかったので、再度洞窟探検に。前回は新しい洞穴を見つけて、拠点を作ったところでレッスン時間が終了となった。

　レッスン後もすこし拠点の周りを散策していたら、なんということでしょう、エンダーマンに目をつけられてあっという間にやられてしまった…。エンダーマン強すぎ。

エンダーマン対策を Joan に伝える

I'd like to tell you how to beat an Enderman.
The first way is to make a roof with two blocks of high space.
If we stand under the roof, Endermen can't come near us because they are three blocks tall.
So we can hit them without being attacked.
The second way is to hop into a river.
If we float in the river, Endermen can't come near us because they are damaged by water.

エンダーマンの倒し方について教えておきたいんだ。

最初の方法は、2ブロック分のスペースをあけた屋根を作ること。私たちがその屋根の下に立っている限り、エンダーマンは近づけない。なぜなら彼らは3ブロック分の背の高さをもっているからね。

二番目の方法は、川に飛び込むこと。私たちが川に浮かんでいる限り、エンダーマンは近づけない。なぜなら、彼らは水でダメージを受けるからね。

真上のブロックは壊さないほうがいいと Joan に伝える

> I'll tell you about gravel.
> If we break a block that supports gravel, gravel falls down.
> If we get buried in gravel, we get damaged.
> So we should avoid breaking the block directly above us.

砂利について話しておくね。私たちが砂利を支えているブロックを壊したら、その砂利は落ちてくる。そして、もし私たちが砂利に埋れてしまったら、ダメージを受けてしまうんだ。だから、（洞窟などで）真上のブロックを壊すのは避けたほうがいいよ。

　Joan が鉄鉱石や石炭を掘るとき、それらが真上にあっても掘っていた。その鉄鉱石や石炭の上が砂利だと落ちてきてしまうから、真上のブロックは壊さないほうがいいよと伝えておこう。

2022/10/23 レッスン4週目を終えて

英会話ができるようになる過程がわかりにくい件について

雑感

　英会話ができない人からすると、英会話ができるようになるまでの過程ってわかりにくいと思う。

　実際、私自身も絶対これで大丈夫という確信をもって、レッスンを進められているわけではないけど、私がいま経験していることは、おそらくまさにその過程なのだろうなとは思っている。

　やっていることは、自分が使える表現を増やしていくことであり、すごくシンプル。たとえば、次のようなよく使っているフレーズは、しっかり自分のものにできた感覚がある。

・I'll give you some torches.
・Follow me.
・Be careful not to fall down.

　英会話に習熟していく過程は、マイクラの地下洞窟の探検に似ていると思う。急な傾斜がついている洞窟を降りていくには、一段一段足場を作ったり、たいまつをつけて視界を確保したりして、一歩ずつ進んでいくしかない。一つひとつの作業は地味だけれど、でも目標地点をしっかり見据えて、時間を費やしていけば、ちゃんと降りていけるようになる。

　英会話も同じで、いきなりペラペラになることはないのだと思う。私たちは英会話を始めるときの目標として、どんな話題を振られても即座に答えられるようなレベルを設定しがち。でも、そんな雲の上のような目標だと、どうやってそこまで至ればいいのか途中経過がまったく想像できなくなってしまう。

　そういう、どんな話題にも対応できるようになることを目指すのではなくて、テーマを絞った中で一つずつ表現を覚えていくほうがいいと思う。たとえばマイクラというテーマに絞って、マイクラに出てくる英単語やマイクラでよく使うフレーズ、それらが使いこなせるようになることを目指す。

マイクラをやっていたら、中にはマニアックな英単語も出てくる。でも、マイクラをプレイしていて実際に使うのだから、覚えなければいけないし、覚えておいてよかったとなる。その意味で、その英単語が一般的な単語かどうかなんて、とりあえず脇に置いておいていい。自分にとって重要かどうか、自分が使うかどうかで判断していく。

　そんなふうにしてマイクラ英会話で英会話のスキルを上げていくうちに、普通の英会話でも通用する部分が出てくる。そうやって、少しずつ少しずつ範囲を広げていくことが、英会話ができるようになるまでの過程なんだと思う。

レッスン5週目 ────────────

2022/10/24-2022/10/30 レッスン8回（1回×2日、2回×3日）

5週目以降は主に雑感メモを中心に取り上げていきます。

2022/10/25 使える英語を増やす方法

雑感

レッスン内で英語が話せる比率を増やしていく

最初のうちはどうしても「事前に考えているから英語を話せる状態」に過ぎない。だけど、そういう英文を自分の中に定着させていくことで、少しずつレッスン内で英語が話せる比率を増やしていくのが大切だと思う。

事前に考えておいた英文を定着させるためには音読練習が有効。ただ、その音読も英文を見ながらむやみやたらに繰り返し言うんじゃなくて、なるべく英文を見ずに言うように意識したいところ。そのときに手がかりになるのがイメージ。

たとえば、次のような英文があったとして…
Tap a crafting table to open your crafting menu.

この英文を一気に言おうとするのではなく、とりあえず Tap a crafting table の部分だけに絞る。手がかりになるイメージは、マイクラのプレイ画面内に置かれている作業台。この作業台を触るように想像しながら、Tap a crafting table と口に出す。

次に、何のために作業台を触るのか説明するために to open your crafting menu. と続けて言う。ここでも手がかりになるのはイメージ。実際、マイクラの作業台を触ったらクラフトメニュー

が表示される。だから、英文を覚えるというよりも、プレイの流れに沿ってイメージを英文化していけば大丈夫。

このようにマイクラ英会話の良いところは、たいていの英文がプレイ画面と照らし合わせられること。レッスン前の事前準備のときも画面と照らし合わせながら音読練習すると効果抜群なので、マイクラ英会話をされる方にはぜひ試してみてほしい。

2022/10/28 1か月経過しての実感

上達の実感はまるでナシ…。
でもマイクラは楽しい！

マイクラ英会話を始めて 1 か月が経った。始めたのが 9/27、いま 10/28。これまで合計 30 回レッスンを受けたみたい。

しかし、英会話がうまくなっている実感が全然ない。いや、話せるようになっている部分があるのは確かなんだけど、思っていたほどうまくなっていないというか…。

事前に考えておいた英文は、そのテキストをチラチラ見ながら言うことはできる。でも、その場で急に言わなきゃいけないことは、相変わらずなかなか出てこない。少しずつ言えるようになっていくとは思うけれど、本当に果てしない感じがする。

まあ、でもマイクラは楽しい。英会話は多少苦しくても、マイクラを仕事時間中におおっぴらにできるのも素晴らしい。（※マイクラ英会話を仕事の一環として始めたため）

そう考えると、英会話があまり上達していなくても、マイクラを

やるのは楽しいから引き続き継続しようって気持ちになるのは本当にありがたい。

2022/10/30 レッスン 5 週目の振り返り

今週のマイクラ英会話トピック（一部抜粋）

・ネットワークの問題だろうか、Joan がキャラの挙動をコントロールできなくなり、溶岩に突っ込んでアイテムを全ロスしてしまう。Joan の落胆度合いが激しく、励ますのが大変だった。（10/25）

・サーバーのマイクラを最新版にアップデートしたら（※）まっさらの新しいワールドになってしまった。バックアップから復元はできたものの、レッスンの最初にこの事態に陥ってしまったため、とても焦った。（10/27）
※ Joan とのマイクラ英会話は Realms ではなく、レンタルサーバーを借りて行っていたため、マイクラサーバーのアップデートを手動で行う必要があった。

・娘が Joan とマイクラをやってみたいと言っている旨を伝えて、Joan から快諾をもらう。（10/28）

・娘が初めてのマイクラ英会話。（10/29）

子どもと一緒に初のマイクラ英会話
　10/29 に娘と一緒にレッスンを受けてみた。これは娘のほうから「私もその Joan って人とマイクラをやってみたい」という申し出があったため。

Joan には「うちの子はあまり英語を習っていないから、ほとんど話せないと思う」と事前に伝えておいた。実際、娘が英語で話せたのは最初のあいさつくらい。Joan が声かけをしてくれて、自分が通訳しようとしても恥ずかしがってしまい、日本語もほとんど発しないままレッスンを終えた感じ。

　まあ、でもそんなもんだろうと思っていたので問題なし。レッスンを受けた夜、本棚にあった英語のあいさつ本を取り出して読んでみたりしていたので、刺激にはなっているのだと思う。それで十分。

　英語でお話しはできなかったけれど、マイクラは一緒にプレイできたし、事前に「原木と食料を集めておいて」と頼んでおいたので、それもプレイ中にやってくれた。

　あと、レッスンの後で Joan 専用のチェストに集めたものを入れさせて、立て看板に「log and food for you」と入力するようにサポート。マイクラはこういう方法でもやりとりできるので助かる。

　娘には日本語を使わない人ともやりとりができるんだという経験を積んでもらえたら十分だし、やりとりをする方法はいくらでもあることを知ってもらえたら嬉しいな。

レッスン 6 週目

2022/10/31-2022/11/06 レッスン 3 回（1 回 × 1 日、2 回 × 1 日）

2022/11/01 レッスンが予約できない

雑感

フィリピンの特別休日でレッスンの提供がなく、予約が取れない…

　フィリピンで特別に勤労感謝の祝日が設定されて 10 月末から 11 月 1 日までが連休となった。その影響で、Joan の今週分のレッスン登録がまだ行われていなくて、今週はまだ予約が取れていない。

　マイクラ英会話ができないので、仕方なく他のことをすることに。まだまだ使える英語表現が少ないので、英会話関連の書籍を読んでインプットを強化しよう。

英会話関連の書籍を読み直し

　書籍『難しいことはわかりませんが、英語が話せる方法を教えてください！』（スティーブ・ソレイシィ（著）, 大橋弘祐（著））を読み直した。

　前に読んだときにも「いいなぁ」と思ったけれど、実際に英会話レッスンを 1 か月受けた現段階で読んでみても面白かった。むしろ、このくらいのタイミングで再読するのがよいかも。

　印象に残ったのは以下の 3 点。
・英会話では便利で使いやすい単語・文法で話すこと。
・言いたいことを簡単な文にしてから言うようにすること。
・SPM（1 分あたりに発する文章の量）の数字を上げること。

SPM については、そもそも現時点で 1 分間にどれくらいの英文を作れるのか測定できていない。このままではお話にならないので、適当なスピーキングテストを受けてみて、SPM を測定してみよう。

2022/11/02 スピーキングテスト受験

スピーキングテストの受験結果 B1

雑感

　スピーキングテスト「PROGOS」はレアジョブのマイページからも受験できるけど、スマホアプリとしても提供していて、アプリだと毎日受験できる（※）ようなので、アプリをダウンロード。
※スマホ版は 2023 年 12 月時点では無料ですが、将来的には有料化を予定しているそうです。

　アプリで 20 分ほどのテストを受けた結果は「B1」で中級者レベルとのこと。SPM はアプリでは測定してくれないので、自分の音声を録音して測ってみたら、だいたい「7」くらいだった。

　前述の英会話書籍では、普通のネイティブは SPM が 15 文くらい（＝ 1 分間に 15 個の英文を話す）で、最初は 30 秒で 5 文話すことを目標にするといいよ、と書かれていた。SPM で言えば「10」ということになるけれど、現状全然足りていない…。

　前述の英会話書籍によると、SPM が上がってくるとミスも自然と減ってくるらしいので、シンプルな文をたくさん話すように意識して取り組んでいくことにしよう。

　あと、スピーキングテストでも、最初の疑問詞の聞き漏らしが多かった。会話だと聞き直しができるし、文脈から類推することもで

きるけれど、テストだとそれができない。

　まあでも、実際のところ、マイクラ英会話で意思疎通できれば当面は何の問題もないので、疑問詞の聞き漏らしが多いことは意識しつつ、その対処法として相手のセリフをそのまま繰り返すフレーズ「Did you say " 〜 "?」などを活用して、やりくりしていこう。

2022/11/02 ネイティブのマイクラ動画視聴

ネイティブによるマイクラ動画を視聴

雑 感

　前述の英会話書籍では、英会話学習の一環として海外ドラマを見ることが推奨されていた。ただ、自分はドラマにはあまり興味がないんだよなぁ。

　というわけで、YouTube でネイティブによるマイクラ動画を探してみることにした。検索にかかった中では Grain という配信者の動画が結構面白かった。マイクラ建築の勉強にもなる。

　マイクラ動画は英語がわからなくても、コンテンツだけでそこそこ理解できるのがよいところ。自分はネイティブのマイクラ動画を見て、英語のインプットをしていくことにしよう。

2022/11/06 レッスン 6 週目の振り返り

子どもと一緒に 2 回目のマイクラ英会話

雑 感

　11/3 に娘と一緒に 2 回目のマイクラ英会話。前回、Joan のチェストに原木と食料を入れておいてくれたことに対して Joan が娘に

お礼を言っていた。はにかむ娘。良きかな良きかな。

　今回は矢を作るために、砂利を探しにみんなで洞窟探検。多少敵が出てくるけれど、あまり問題も発生せず無事に拠点まで戻ってこれた。

　日本語を使わない人と一緒に協力プレイをする経験は、マイクラ英会話ならではのものだと思う。そういうのは大人・子どもにかかわらず有効だと思うから、もっとマイクラ英会話が流行ってほしいし、流行るべきだと思う。

レッスン7週目

2022/11/07-2022/11/13 レッスン8回（1回×4日、2回×2日）

2022/11/08 レッスンが予約できない part.2

Joan 以外の講師も探したほうがいいかも

雑感

先週に引き続き、今週もまだ Joan が予定を登録してくれていないから、レッスン予約を入れられないでいる。

マイクラ英会話の明確なデメリットは、相手の講師の予定に依存すること。同じ人とゲームを進める以上、相手がレッスンを提供していない日は英会話レッスンができないことになってしまうんだよなぁ。

がっつりマイクラ英会話用に時間をとっているのに、レッスンが受けられないのはなかなかつらい。かと言って、普通の英会話レッスンを受ける気にもならない。あまり面白くなさそうなんだもの。

そろそろマイクラ英会話ができる別の講師を探して講師2名体制で進めていったほうがいいのかもしれない。

2022/11/09 スピーキングテスト受験 part.2

スピーキングテストの受験結果 B1 High

雑感

1週間前にスピーキングテストを受けているが、暇なのでまた受けてみた。結果は B1 High となって、一つレベルが上がった。なるべくたくさんの短文を言うようにしたおかげかもしれない。

ただ、こういうスピーキングテスト対策を熱心にするのも、あまり意味はない気がするので、テストを受験するのは月 1 回くらいにしておいたほうがよさそう。

使いそうな英会話表現をまとめる

　英会話レッスンで使う英語表現のレパートリーを増やすために、英会話フレーズ集『ネイティブなら子どものときに身につける　英会話なるほどフレーズ 100』（スティーブ ソレイシィ（著）, ロビン ソレイシィ（著））から使いそうな表現をノートに書き写した。たまにこういう本から表現をピックアップするのは有用だと思う。

　たとえば、ごく基本的な表現である Sure. も使い慣れていないと口から出てこない。なるべく意識して使っていって、自然と使いこなせるようにしていきたい。

2022/11/09 新しい講師 Kyla との顔合わせ

雑 感

マイクラ英会話ができそうな別の講師を手当

　レアジョブ で趣味の欄に「Minecraft」と入力してくれている講師は本当に少なくて、いまは Joan 以外に 2 人しかない。

　マイクラ自体はもっと多くの講師がやったことがあるはずだが、「いまはやっていない」などの理由で入力していないのだろう。もっと、マイクラ英会話の有用性を広めることで、Minecraft と入力する講師の数が増えるようにしないといけないなと勝手に決心。

　さて、Minecraft と入力していた別の女性講師 Kyla（カイラ）と顔合わせの初レッスン。これまで Kyla に予約を入れていなかっ

たのは、Kyla のレッスンがたいてい平日夜に設定されていたため。

　平日のお昼を英会話レッスン用に空けていた私と予定が合っていなかったというわけ。ただ、平日の夜にレッスンが受けられないかというとそんなことはない。娘の面倒を見ている時間と被っていただけのこと。

　平日の夜に娘と一緒にマイクラ英会話をやれば、娘の面倒も見ることができるし、英会話レッスンも受けられる。一石二鳥であることに気づいて、娘と一緒に初顔合わせをすることにした。

　レッスンの初っ端から「マイクラをプレイしながらレッスンを受けたい」とリクエストを出すと、Kyla は大笑いしながら快諾してくれた。娘と一緒にレッスンを受けることについても快諾。

　話を聞いてみると、マイクラ歴は 3 年ほどだが、エンダードラゴンはまだ倒したことがないとのこと。最初の 1 年は友達と一緒にやっていたけれど、その友達がマイクラをやらなくなってからは 1 人でプレイしていて、怖いからエンダードラゴンのところは行ってないとのこと。

　これ幸いとばかりに、目標を「エンダードラゴンを倒すこと」に設定。来週から一緒にプレイする約束をして、初回のレッスンを終える。

　Joan と比べると、マイクラのプレイにかなり前向きな感じ。これはこれで楽しめそうだし、道具の説明などに時間を使わずにすみそうなので、子どもと一緒にマイクラ英会話をやるには都合がよさそう。

2022/11/13 レッスン 7 週目の振り返り

英会話の上達度合いについて

　英会話ができるようになっている感覚はあまりない。相変わらず詰まるし、言いたいことがスラスラ言えるなんてこともほとんどない。

　ただ、わからないときにどう回避したらいいのかなどの知識は増えてきた気がする。たとえば、"Did you say 〜 ?" とか "Could you say that again?" などがスラスラ出てくるようになってきたのは大きい。

　あと、これまでずっと同じ相手とやってきているから、慣れもあるとは思う。相手との信頼関係も構築できているから、うまく聞きとれなくても慌てなくていいという安心感もある。引き続きあまり気負いすぎず、マイクラを楽しみながら続けていけたらいいな。

週末、Joan と子どもと一緒にマイクラ英会話

　週末に Joan の予約が土日 1 回ずつ取れたので、娘と一緒にマイクラ英会話をやった。相変わらず娘はほとんど英語を話さないけど、楽しそうにプレイしているし、最初のあいさつについてはレッスン前に練習していたので良い機会にもなっていると思う。

　マイクラで出てくる英単語も少しずつわかるようになってきているみたい。レッスン後に、娘が自分のマイクラの言語設定を英語に変えていた。

　英語に対して前向きな姿勢がとても好感がもてる。なお、言語を英語に変えても、娘は英単語が読めないので、あまり意味はないかな…。やっぱり英会話では「音」が重要なんだよな。このあたりは子ども用に「音」が学べる教材を準備しておいたほうがよさそう。

レッスン 8 週目

2022/11/14-2022/11/20 レッスン 11 回（1 回 × 1 日、2 回 × 5 日）

2022/11/14 Kyla とのマイクラ英会話開始

雑 感

Kyla とのマイクラ英会話、本格的に開始

　今日から Kyla とのマイクラ英会話を本格的に開始。一緒にマイクラをするための設定をして、いよいよ新しいワールドでマイクラをスタート！…なんだけど、ワールドに入ったらいきなり夜で、敵がスポーンしまくっていて、もうめちゃくちゃ。

　何回か死んでしまったけれど、何とか夜明けを迎えて、そこから手分けして木を切ったり、拠点をつくったり、食料を確保したり…。大変だったけれど、マイクラの最初って本当にサバイバルしている感じがして、テンションが上がる。

　ちなみに Kyla が楽しそうなのもとてもいい。娘のちょっとおどけた言動にも大笑いしてくれるから、娘も調子に乗ってたくさんしゃべっていた。あっという間に初日の 50 分が終わった。

レッスン予定が立てやすくなった

　Kyla は週末に翌週のレッスン予定を 1 週間分入れてくれるみたい。こちらとしては 1 週間の予定が確定できるから、すごく助かる。とりあえず、月・火・木・金の夜に予約を入れておいた。ありがたいありがたい。

2022/11/17 純粋にマイクラが楽しめている

アメジストジオードを発見

　今日は洞窟探検をしていたら、アメジストジオード（アメジストの晶洞）を初めて見つけた。Kyla と娘もアメジストジオードは初めてだったようで、２人とも大喜び。アメジスト鉱石の上を歩くとキラキラとした音が出たのが、とても印象的だった。

　マイクラ英会話開始３日目でアメジストジオードを見つけられたのはラッキーだったけれど、そもそも Kyla はマイクラのプレイに慣れているから、あまり細かい説明が不要で、サクサク進められているってところも大きい。

　もちろん、英会話レッスンとしては、私が英語で説明する機会が Joan より少なくなっているから良し悪しはあるけれど、プレイが滞ることがないので純粋にマイクラを楽しめているのがとても良い。

2022/11/20 レッスン８週目の振り返り

過去最多の週間レッスン回数

　今週は日曜日以外、毎日マイクラ英会話をすることができた。客観的に見れば高頻度だと思うけれど、実際のところあまり負担は感じなかったかな。

　あまり負担を感じなかった理由は、これまであまり有効活用できていなかった時間（平日夜 19:00-20:00）にマイクラ英会話を取り入れたからだと思う。

　元々、この時間帯は娘の面倒を見ていた時間。とは言っても、一緒にいて見守る程度のものだったので、中途半端な時間の使い方になっていた。

　それが娘と一緒にマイクラ英会話をやることで、娘の面倒を見ることと自分のスキルアップという両取りができるようになった。これはとても大きかった。

　あと、あまり負担を感じなかった最も大きな理由はやっぱり「マイクラが楽しいから」だと思う。アメジストジオードを見つけたときはテンション上がったなぁ。最高です。

復習に手が回らなくなってきた

　レッスン回数は増えたけれど、英会話のスキルアップという観点で考えると、ちょっとスローダウンしてしまった気がする。これは復習に手が回らなくなってきたから。

　平日夜が英会話レッスンのメインになったこともあり、レッスン後は家事や翌日の準備などでバタバタ。その結果、復習のステップが抜けるようになってしまった。

　もちろんレッスン前の事前準備はしていて、その日のレッスンでやりたいことや言いたいことなどはしっかり考えている。

　つまり、「準備」→「レッスン」→「復習」→「準備」→ … と回していたサイクルが、「準備」→「レッスン」→「準備」→ … になり、レッスンを最大限まで有効活用できているとは言えない感じになってしまったというわけ。このあたりは、復習する範囲を絞ってもいいから、復習のステップをもう一度組み込んでいくようにしたい。

レッスン9週目

2022/11/21-2022/11/27 レッスン6回（2回×3日）

2022/11/22 ブランチマイニング中の雑談

ブランチマイニング中の雑談

雑感

・Kyla「日本のお化けについて聞いていい？」

Kyla：	Can I ask about ghosts in Japan?

カイラ：　日本のお化けについて聞いていい？

Masa：　About Ghosts in Japan, Fireballs in the air come to mind.
It means dead human spirits are floating in the air.
Gegege no Kitaro is the most famous manga about Ghosts in my age.
I often watched the TV program "Gegege no Kitaro" when I was a child.
You can search "Gegege no Kitaro" in google images and see the characters.
I texted it on the chat.
Putting the story aside, the characters in the manga comes from Japanese old folktale.
Ghost "Konaki Jijii" is from our place Tokushima.
He looks like an old man, but cries like baby.
We have many ghosts each prefecture in Japan.

私：	日本のお化けに関してだけど、火の玉（人魂）が思い浮かんだかな。火の玉っていうのは、死んだ人間の魂が空中に浮かんでるってこと。
	自分の世代では「ゲゲゲの鬼太郎」が最も有名なお化けに関する漫画だね。小さい頃、よくテレビで「ゲゲゲの鬼太郎」を見ていたよ。「ゲゲゲの鬼太郎」って Google でイメージ検索したら、キャラがわかると思う。チャット欄に「Gegege no Kitaro」ってテキストを打ち込んでおいたよ。
	物語の内容は脇に置いておいて、その漫画の登場人物は日本の民話に由来しているんだ。「子泣きじじい」は、我々の土地の徳島のお化けだね。彼は見た目はおじいさんだけど、赤ちゃんのように泣くんだ。日本のそれぞれの都道府県ごとにたくさんお化けがいるよ。

　Kyla からの質問は、洞窟内でブランチマイニング（鉄鉱石や石炭など素材を集める採掘手法の一つ）をしているときに聞かれたもの。ブランチマイニングの作業自体は退屈なので、こういうマイクラとは関係のない雑談もよくしている。

　ただ、何か作業をしながらの雑談は、本当に軽く聞いている感じになるので、聞くのも答えるのもかなり気が楽。このあたり、普通の英会話レッスンでの質問は逃げ場がないような感じ（＝答えなければいけない圧がかかる感じ）になってしまいやすいのとは、ずいぶん勝手が違うと感じている。

日本語の言い換え能力を磨く必要がある

復習メモ

　レッスン中に「村人が死なないように柵を作って村を囲おう」と言おうとして、次のような英文を作ったが、not to 以降をどう言えばよいのかわからず詰まってしまった。

> **We should make fences to surround village not to …
> not to …**

柵を作って村を囲おう。
（えーと、「村人が死なないように」だから…）not to…
（あれ？ not to の後はどうしたらいいんだ？）not to…

　この文の問題は主語が変わること。「柵を作る」のは「私たち」だけれど、「死なない」のは「村人たち」。このように主語が変わってしまう場合は要注意。日本語は同じ文内でも主語をコロコロ変えられるけれど、英語は主語を固定するのが基本。

　この場合は、「村人が死なないように」と考えたら流れが悪くなってしまうので、「私たち」を主語にした「私たちが村人を守れるように」のように言い換える必要があった。このような「日本語の時点で言い換える能力」を磨く必要がある。（結論としては to protect villagers と言えばよかった）

> **We should make fences to surround village to protect
> villagers.**

村人を守るために、柵を作って村を囲おう。

2022/11/27 レッスン 9 週目の振り返り

雑 感

英会話は上達が感じにくいからこそ継続が必要

　英会話を開始してから 2 か月が経過したものの、やはりそこまでの上達は感じられていない。

　もちろん、確実に英語に慣れてきているとは思う。あらかじめ、英文を事前に準備していなくても、とっさに作れる英文は少しずつ増えてきている。ただ、それが一日一日のレッスンの中では見えにくいだけ。だからこそ、継続することが重要なんだと思う。

　この継続という点で、英会話はピアノと似ていると思った。ピアノ教室などでは毎日ピアノの練習をすることが推奨される。英会話も日常的に触れていないと練度が落ちやすいように思う。

　ちゃんと事前準備したり、復習したりすることも大事だけど、継続することも大事。ただ、この 2 つのことは相反しやすい。

　なぜかというと、事前準備や復習は「やる気があるときにしかやりにくい」ことであり、それらを実行することで、やはり「やる気」を消耗するから。「やる気」が消耗したら英会話自体を継続しにくくなる。

　なので、「やる気がないときでも続けられる」ものでないと、結局一時的に盛り上がるだけで、消えていってしまうのだろう。

　なぜ、こんなことを言っているかというと、自分の中で絶賛「やる気が落ちている」から。事前準備はしているものの（まあ、それも 10 分くらい）、復習はほとんどできていない。

それでも英会話はやりたいと思う。その理由はマイクラと結びついているから。要するに英会話がやりたいわけではなくて、マイクラを相手の講師とやりたい。これがモチベーションになっている。そして、それでいいと思う。

　1年、2年のような長期的なスパンで考えたら、絶対に英会話に熱が上がらない時期はある。それでも続けられるような仕組みとして、マイクラ英会話は本当によい仕組みだなぁと思う。

英語表現は「うまく言えなかった」
経験がないと頭に入りにくい

　英会話の勉強でフレーズ集を見たりすることがある。しかし、マイクラ英会話をやる前は、たいてい最初の10ページくらい読んだら飽きてしまっていた。

　英会話ができるようになりたいのに、どうしてフレーズ集を読む気にならないかというと、単純に「自分の表現」として捉えられなかったから。

　結局のところ、英会話の現場で「うまく言えなかった」という経験をして、「どうすればこういうことがうまく言えるのか」という問題意識をもたないと、フレーズ集から得られるものはほとんどないんだと思う。

　逆に言えば、英会話の現場で「うまく言えなかった」経験をたくさん積む必要がある、ということ。たくさん経験して、一つひとつの苦い思い出を覚えていればいるほど、フレーズ集を読んだときにピンとくる確率が高くなる。

　このことは継続することの大切さともリンクする。というのも、こういうことは一気に経験してもダメだから。「うまく言えなかっ

た」ことを一気に経験したところで、一つひとつのことを覚えていられず、ただただ打ちのめされるだけで終わってしまいやすい。

　人間それぞれストレスに耐えられる量には限界があるから、それぞれが受け止められるくらいの量に収める必要がある。その意味で、マイクラ英会話くらいの気軽なレベル感で英会話を続けていって、「うまく言えなかった」経験を積み上げていくのが大事なんだと思う。

2022/11/29 一緒に遊ぶためのマイクラ英会話

雑 感

マイクラ英会話で皆さんの人生に彩りを

　マイクラ英会話は遊び友達をつくれるという点でかなり優秀。言い方は悪いかもしれないけれど、こちらの都合のよいときに一緒に遊んでくれる相手を、お金を払って確保するためのツールとして割り切ってしまうのも一つの手。

　普段のルーティン（仕事や家事育児など）とは異なる時間を過ごすことができて、おまけに英会話もスキルアップできる。

　マイクラ英会話は万人受けするとは思わないけれど、マイクラが好きな人（かつて好きだった人でも可）であれば、試してみることを強くおすすめしたい。

　たとえば、次のような人…
・社会人になって仕事と自宅の往復だけになってしまっている。かつての遊び友達も仕事で忙しかったりして、日常的に絡むのは気が引ける。ゲームもやるけれど、一緒にやる相手もいない。YouTube 動画を見て過ごす毎日で、なんとなく張り合いに欠ける。
・家事育児がメインだけど、子どもも少し手が離れてきた。ただ、ママ友・パパ友と一緒に過ごすのはちょっと苦手。ゲームも好きだけれど、なんとなく昼間からゲームをするのは罪悪感を覚える。空いている時間に仕事をしようかなとも思うけれど、まだ子どもから完全に手が離れたわけでもないから悩ましいところ。結局、

SNS などを見ていたら、あっという間に 1 日が終わってしまっている。

普段の人間関係だけだと、知らないうちに息が詰まってしまうようなこともあるはず。そういうことに対してもマイクラ英会話は一つの解決策になると思うので、ぜひ試してみてほしいなぁ。

2022/12/04 レッスン 10 週目の振り返り

雑 感

意外と話せる！ → 全然話せねぇ…

これまでは事前準備している英文以外はうまく話せないことが多かったが、11/30 のレッスンではつっかえが取れたような感じで英文が口から出てきて、自分で話しながらびっくりした。

もちろん、文法的にもめちゃくちゃなところは多々あったけれど、たぶん意味は通じているだろうなと思える英文だったから、少しブレイクスルーを感じた。

自分、意外と話せるじゃん！と自信がついた状態で翌日 12/1 のレッスン。見事に言いたいことがうまく言えない状態にハマってしまった。全然うまく話せない…、昨日のは何だったの？

でも、こういうアップダウンを経て、少しずつできるようになっていくんだろうな。がっつり削られた自信を無駄にしないためにも、しっかりと積み上げていこう。

レッスン 11 週目

2022/12/05-2022/12/11 レッスン 2 回（1 回 × 2 日）

2022/12/06 モチベーションダウンに苦しむ

モチベーションダウンによる学習効率低下

　明らかにこのところ英会話学習へのモチベーションが下がっている。現状、モチベ低下がどこに影響を及ぼしているかというと「復習」のところ。レッスン後に復習をしようって気にならない…。

　レッスンで洗い出した「うまく言えなかったこと」を振り返らないと積み重なっていかないんだけど、なんか気が乗らないんだよなぁ。

　ただ、マイクラ英会話が救いなのは、英会話レッスンの「継続」にはほとんど影響を及ぼしていないこと。マイクラをすること自体は楽しいから、続けないという選択肢はないのである。

　人間なので浮き沈みはどうしたってある。こういうときもあるってことで、そのうちモチベーションが上がってくるのを待つしかないんだろうな…。

2022/12/11 レッスン 11 週目の振り返り

もっとレッスン回数を増やしたい

　本日時点でレッスン回数が累計 67 回になったらしい。しかし、現状の英会話の上達度合いを考えると、レッスン回数はあまり参考

にならないなぁ。

　というか、もっとレッスンを受けたい。だけど、相手の都合（家族旅行に行くので1週間オフになるとか、停電の影響でレッスンができないとか、大学の試験期間でレッスンを提供していないとか、体調不良とか…）で予約を入れられない。こちらは時間を空けているんだけどなぁ。

　このあたりが普通の英会話レッスンと違っているところ。マイクラ英会話はどうしたって特定の相手とやることになるから、相手の都合に振り回されることになる。

　これが嫌で講師を2人に増やしたわけだけど、今週のように都合が悪いときが重なってしまうと、結局レッスンが受けられないことになる。これについては妙案があるわけではないので難しい課題だ。

レッスン 12 週目 ————————————————

2022/12/12-2022/12/18 レッスン 6 回（2 回× 3 日）

2022/12/13 英会話力を維持するのも重要

英会話習得は長丁場 → どうすれば維持できるか

雑感

　当初、6 か月で英会話ができるようになることを目指していたが、6 か月では仕上げられないことに気づいた。ある程度は話せるようになるだろうけれど、その後英語を使わなくなったらすぐに英会話力が落ちてしまうのが目に見える。

　初心者のときは想像しにくいことだけれど、英会話力を上げるのと同じくらい、維持するのは難しいと思う。短期間で集中的にやれば、その後はずっと大丈夫というわけではないんだなぁ。

　そう考えると、マイクラ英会話は英会話力を上げるだけでなく、維持するのにも適していると思う。先週のようにモチベーションが下がっているときも継続できるし、これから先も長く続けることに対しては不安が一切ない。ゲームが「楽しい」ってことはここまで大きいんだなと痛感している。

2022/12/18 レッスン 12 週目の振り返り

モチベーションが回復してきた

雑感

　先週はモチベーションダウンに苦しめられたけれど、今週はモチベが回復してきた。理由はシンプルでレッスン回数が確保できたから。先週のように 1 週間で 2 回しかレッスンがなかったら、そりゃ

あモチべも上がらないよな。でも、レッスン自体がカンフル剤みたいな感じになっていて我ながら笑ってしまう。

　あと、このところ「復習」に時間が割けていなかった問題について、とりあえずレッスン終了後すぐにレッスンの文字起こしテキストを印刷することにした。

　これまではレッスンを終えたらすぐに子どものお風呂やら明日の準備やらをしていたけれど、そうするとどうしたって復習のステップが抜けてしまう。

　手元に文字起こしテキストの用紙があれば、たとえ翌日になったとしても「うまく言えなかったこと」の洗い出しから始めることができる。要するに、復習の取っ掛かりを作っておいて、後で取り組みやすくするってわけ。このやり方でしばらく様子見をしてみよう。

レッスン13週目

2022/12/20 親子マイクラ英会話のすすめ

親子マイクラ英会話のすすめ

※このメモはお子さんに英会話ができるようになってもらいたい親
　御さんを想定しながら書いたメモです。

　マイクラ英会話のような「ゲーム×英会話」ってどうしても子ど
も向けの英会話サービスのイメージが強い。でも、個人的には、マ
イクラ英会話を子どもだけにやらせるなんてもったいないって思っ
てしまうんだよなあ。

　まず、みんなでやったほうが楽しいから。特に、これまでにお子
さんにお願いされて、お子さんと一緒にマイクラをプレイしたこと
がある親御さんだったら、マイクラ英会話も一緒にやってみること
を強くおすすめしたい。

　そんなことを言うと「親がマイクラ英会話に参加したら、子ども
の学習効果が落ちるのではないか」という声が聞こえてきそう。こ
れに関して確実なことは言えないけれど、少なくとも我が家の場合、
娘の学習意欲はだいぶ上がったと思う。

　そもそも講師と子どもを同じ場に置いておけば、勝手に子どもが
英語を話すようになるなんてことはないと思う。

　うちの娘も最初のうちは、講師から話しかけられてもほとんど話
さなかった。何か協力プレイをしたとか上手なプレイをしたときに、

相手の講師から感謝されたり褒められたりして、そうなって初めて講師とやりとりしようとしはじめた。

　一度そうなったら、たとえば「『この装備をあげるよ』ってどう英語で言えばいいの？」みたいな感じで私に聞いてくるようになる。このように子どもの中に言いたいことが生まれて、初めて英語学習はスタートするんだと思う。

　そういう言いたいことがお子さんの中に生まれるまでは、無理をさせずに同伴だけさせておくのが導入までの自然な流れじゃないかなって思う。

　あと、マイクラ英会話は親御さん自身が英会話を学ぶ環境をつくる大チャンスでもあると思う。

　私自身振り返ってみれば、英語の文法解説を仕事にしているにもかかわらず英会話にはすごく消極的だった。英会話レッスンも他の方と比べたら受けてきたほうだとは思うけど、いかんせん続かない。

　普通の英会話レッスンでも、会話自体はそこそこ盛り上げられるし、楽しくレッスンを終えられる。でも、レッスン後に「もっとやりたい」となったことはないし、仕事などが忙しくなったりしたら、いつの間にかやめてしまっていた。「自分のため」って理由は弱いんだと思う。

　これが「子どものため」ってなると、頑張らなくちゃいけないなってなる。同じような方はそこそこいらっしゃるのではないかと思う。もちろん、親御さんもお子さんも順風満帆に英会話ができるようになるなんて言い切れないけど、親御さん自身のチャンスでもあるってことは本当に伝えておきたい。

雑感

英語・英会話をメインにしない

　もう何度も言っているけれど、英語をメインにしたらしんどいと思う。

　たとえば今週のマイクラ英会話では、ネザーポータルを作成して「よしっ、ネザー探索に行こう！」ということで、意気揚々とみんなでネザーに行くも、玄武岩デルタのバイオームにスポーン→マグマキューブが大量発生→自分・娘・Kyla ともに死ぬ→ドロップしたアイテムだけでも回収しようと再度向かうも大量のマグマキューブの前になすすべなく死ぬ→あまりに死にすぎて、みんなおかしくなってゲラゲラ笑う。

　もうね、普通のオンライン英会話のレッスンでこんな経験できる？　大切なのは、英会話じゃないってことがよくわかる。ゲームを通じた交流が楽しいんですよ。

　英語や英会話がメインになってしまうと、いかに正しい表現を使うかにこだわらざるをえなくなってしまい、窮屈で面白くなくなる。でも、これは英語がつまらないんじゃなくて、題材がよくないんだと思う。

　マイクラ英会話のように題材を工夫することで「英語を使っているのに楽しい」ってなる。そういう楽しい世界があることをぜひ知ってほしい。

　以上がマイクラ英会話を始めて 3 か月の間にメモしておいたものです。実際には、もう少し表現分析についてもメモを残しているのですが、あまり細かすぎてもいけないと判断して、そのあたりは削除しました。

　もしも、読者の皆さんがマイクラ英会話を試してみた際には、ぜひブログなどで公開してみていただけると嬉しいです。ご連絡いただければ私のほうでも記事を拝見させていただきます。

　その際は、もしよろしければ以下の Facebook グループ「英会話イメージリンク実践会」にご参加いただき、記録記事の URL などをお知らせください。その他、マイクラ英会話を実践していて困ったことなどもありましたら、お気兼ねなくご投稿ください。できる範囲でお答えさせていただきます。皆さんのご参加、お待ちしております。

英会話イメージリンク実践会
https://www.facebook.com/groups/912149163261039

第八章 マイクラ英会話の ワンシーン

● ●

　これまで何度も「マイクラ英会話は楽しい」と書いてきましたが、実際のところどんな感じの会話がされているのか、なかなか想像しにくいところもあると思います。そこで、実際のマイクラ英会話のワンシーンを切り出して、スクリプト化してみました。マイクラ英会話がどんな感じなのか伝われば幸いです。

古代都市でウォーデンと遭遇

　私（Masa）、娘（Musume）、講師（Kyla）の3人で洞窟を探検中。かなり深いところまで進んだところで、Kyla が洞窟の奥に古代都市があることに気づく。

Kyla：	Oh! It is an ancient city! Oh my gosh...
カイラ：	オゥ、古代都市だわ。なんてこと…

Masa：	Oh, really!?
私：	えっ、まじで？

Musume：	Gorgeous!
娘：	きれい！

Kyla：	(Giggle) Gorgeous! But this is dangerous, I'm

　　scared.

カイラ：　アハハ、きれいだよね。でも、ここは危険。怖いわ。

Masa：　Oh, it's huge. Be careful.

私：　うわぁ、大きな古代都市だなぁ。気をつけていこう。

　古代都市にいる「ウォーデン」という敵モブは、物音を立てると姿を表して攻撃してくるので、古代都市では音を立てないように行動しないといけない。そのことは３人とも知っていた。しかし、実際に古代都市を見つけたのはこれが初めて。３人とも気をつけながらスニークで歩いていたはずだが…。

Warden：Howl!

ウォーデン：ウォーーー！

Masa：　I hear the Warden!

私：　ウォーデンの声！

Musume：　What, what?

娘：　えっ、何？何？

Kyla：　Oh my gosh! I can't see anything.

カイラ：　なんてこと、何も見えない…

Masa：　Calm down. Don't move.

私：	落ち着いて、いったん動かないでいよう。

Kyla：	OK, OK.

カイラ：	オーケー、オーケー。

静かにしていたら、ウォーデンはどこかへ行ったようで、ほっとする３人。ウォーデンがどこかへ行ったことで視界も元に戻り、周りが見えるようになった。

Kyla：	Huh, it's gone, it's gone.

カイラ：	ふー、どっかに行った、行った。

Masa：	We should walk by sneaking.

私：	歩くときはスニークで歩こう。

Musume：	Carpet.

娘：	カーペットを使うといいよ。

Masa：	Yes, we should put carpets on the ground so that we don't make sounds.

私：	そうだね。地面にカーペットを置いていったら、足音を立てずにすむね。

私は足音を立てないようにするためのカーペットを敷いていった。娘はウォーデンが怖すぎたため、古代都市から離れて安全な拠点に逃げていった。Kylaは古代都市の中を慎重に散策していたが…。

Warden : Howl!

ウォーデン：ウォーーー！

Kyla : Oh gosh! Ah oh. (Giggle)

カイラ：　キャー！あっ、あぁあ（笑）

"Kyla was obliterated by a sonically-charged shriek"

「Kyla は音波を帯びた金切り声によって消し飛ばされた」

Masa : (Giggle)

私：　（笑）

Musume : Oh no.

娘：　あー。

Kyla : (Giggle) I died. I can't even go back to the entrance. How come? We're not even doing anything. (Giggle)

カイラ：　アハハ、やられちゃった。もー、入り口のところにも戻れないんだもん。でも、どうして？私たちほんとに何もしてないのにー（笑）

Kyla がやられてしまったので、Kyla がドロップしたアイテムを拾いに行く私だったが…。

Warden：Howl!

ウォーデン：ウォーーー！

Masa： What!?

私： えっ！？

Kyla： Masa-san, It's you. (Giggle) It's you.

カイラ： Masaさん、あなたの番ですよ、あなたの番（笑）

Masa： No, no, no. I didn't move at all. Ouch!

私： いやいやいや、ひとっつも動いてないって。　痛っ！

"Masa was obliterated by a sonically-charged shriek"

「Masaは音波を帯びた金切り声によって消し飛ばされた」

Kyla： (LOL)

カイラ： （爆笑）

Masa： Oh my. He's so strong.

私： おいおい、強すぎるだろー。

　近くの拠点にリスポーンしたKylaと私。ドロップしたアイテムを拾いに再び古代都市に向かうも…。

Kyla： Here is nearly so dark. What!?

カイラ： ここはほとんど真っ暗闇ね。えっ！？

"Kyla was obliterated by a sonically-charged shriek"

「Kyla は音波を帯びた金切り声によって消し飛ばされた」

Musume： Oh no.

娘： オー、ノー。

Masa： (LOL) Did you walk?

私： （爆笑）歩いちゃった？

Kyla： No. I wasn't moving at all.

カイラ： いいえ、一歩も動いてないわ。

Masa： Oh really? (Giggle) But I want to pick up my items.

私： ほんとに？（笑）　でも、落としてしまったアイテムは拾っておきたいな。

Kyla： (Giggle) Masa-san, good luck. I'm out of there.

カイラ： ふふふ、Masa さん、グッドラック。私はそこから脱出するわ。

アイテムが消失するまでの残りの時間がせまる中、慎重に行動し

ていたつもりだったけれど…。

Masa： Ouch. I have only one health. Oh no. (Giggle)

私： イテッ！もうライフが一つしかない。あっ、あーー（笑）

"Masa was obliterated by a sonically-charged shriek"

「Masaは音波を帯びた金切り声によって消し飛ばされた」

Kyla： (LOL)

カイラ： （爆笑）

Masa： Oh my. This is the hardest...

私： もぉー、ここ難しすぎだよ。

　マイクラ英会話のワンシーンをテキストで再現してみましたが、雰囲気は伝わりましたか？古代都市というスリリングな場所で、ドキドキしながらの探検でしたが、あえなく玉砕。途中からやられすぎて楽しくなってきてしまいました。

　このように相手が英会話講師だからといって真面目な会話をしなければいけないわけではなく、本当に遊び友達の感覚でやりとりをしているということが少しでも伝われば幸いです。

おわりに

・・・・・・・・・・・・・・・・・・・・・・・・・・・・・・・・・・・・・・

　極端なことを言えば、マイクラと英会話、どちらもツールでしかありません。その先にいる相手と仲良くなるための道具です。私たちの英会話学習において抜けがちなのが、この「相手と仲良くなること」だと思います。

　ただ、この「相手と仲良くなること」は目的にしにくいものです。なぜなら、これを目的にしてしまうと、我慢してでも仲良くしないといけないような無理が生じかねないからです。

　相手と仲良くなることは意識しておくべきことだけど、それを目的にしてしまうとおかしなことになりかねない。そこで重要になってくるのが「相手と一緒に成し遂げないといけないような目標」の存在です。相手と仲良くやったほうがうまく成し遂げられる、そんな目標と言ってもいいかもしれません。

　マイクラのエンダードラゴン討伐がわかりやすい事例ですが、マイクラはそのようなお互いに共有できる目標を提供してくれるという点でとてもよいわけです。

　なお、マイクラ英会話はその性質上、どうしてもマイクラ好きの方という条件がついてしまいます。その意味で限られた対象の方しかカバーできません。しかし、マイクラ以外のものでも本書の内容は流用できると思っています。

　遠く離れた相手とも一緒にプレイできるゲームで、相手とうまく意思疎通していればいるほど達成しやすくなるような目標があるもの。そのようなものであれば、マイクラ英会話と同じように英会話

おわりに

のスキルアップに使えるはずです。

　多くの日本人が英会話に困っている現状、本書がヒントになって
そのようなサービスが少しでも増えていけばよいなと思っていま
す。

遠藤雅義

オンライン英会話スクールの運営会社さんへのお願い

　ぜひ講師を登録する際には、マイクラ英会話（ゲーム英会話）を
念頭に置いたプロフィール登録欄を設けていただけると助かりま
す。

　マイクラ英会話がやりやすいオンライン英会話スクールは積極
的に紹介していきたいと思っておりますので、何かしらの取り組
みをされた際にはぜひご一報ください。ご連絡は info@english-
speaking.jp（遠藤）まで、どうぞよろしくお願いいたします。

参考文献

難しいことはわかりませんが、英語が話せる方法を教えてください！（スティーブ・ソレイシィ、大橋弘祐）2017年　文響社

　スピーキングテストの必要性やSPM（Sentences Per Minute／1分間に発話した英文の数）といった英会話のスキルアップを目指す上での指標を提示してくれている書籍です。第四章で紹介した「なるべく文章を区切って短くする」は、このSPMの考え方を参考にしています。

英語日記BOY 海外で夢を叶える英語勉強法（新井リオ）2020年 左右社

　著者の新井氏の実体験に基づく英会話学習本で、自分にとって必要な英語から効率よく学ぶ方法を提示してくれています。第一章で紹介した「明確な目的は成功確率を上げる」は、こちらの書籍内容を念頭におきながら執筆しています。

　私の問題意識として、新井氏にとっての「音楽・デザイン」のような明確な目的をもたない人はどうしたらよいのかということがあり、それに対する答えとして第二章で紹介した「好きなことを原動力にする」→「マイクラ英会話」に話をつなげています。

スペシャルサンクス

アシスタント ・・・・・・・ 今井浩介
編集・校正 ・・・・・・・・ anna
フィードバック ・・・・・・ 英会話イメージリンク
　　　　　　　　　　　　　　実践会の皆さん
表紙装丁・挿絵イラスト ・・・ jyuri-
組版 ・・・・・・・・・・・ Mazdylr

　「英会話イメージリンク実践会」は読者の皆さんが気軽に質問やコメントできる場として開設した Facebook グループです。著者の遠藤とアシスタントの今井が運営しています。お気軽にご参加ください。

英会話イメージリンク実践会
https://www.facebook.com/groups/912149163261039

もっと学びたい方へ

中学英語イメージリンク 初級〜中級 理論

　よく「英会話には中学英語で十分」と言われますが、「その中学英語が不安なんだよな…」と思っている方も多いはず。中学校で習う英語をイメージと結びつけて解説しました。中学英語でお困りの方はぜひどうぞ。

　書籍「中学英語イメージリンク」に準拠した解説動画シリーズも無料公開しています。中学英語をざっくりおさらいできるので、ぜひチャンネル登録してご活用ください。

「英語イメージリンク編集部」Youtube チャンネル
https://www.youtube.com/channel/UCzL_
TDy6LhTW8JWEp2V1SSQ

英会話イメージリンク習得法 初級〜中級 理論

　英会話を始める前に知っておきたいことをまとめた書籍です。心構えや勉強方法、英会話に必要な英文法などを取り上げています。

　本書の Coffee Break で登場した今井くんが、実践的なアドバイスや英会話ができるようになるまでの経験などを語っているので、興味がある方は読んでみてください。

英会話イメージトレース体得法 中級〜上級 理論

　日本語と英語の違いを掘り下げた書籍です。日本語のイメージについても学べます。

　言語が好きな方だけでなく、英語を教えている方、日本語を教え

ている方、英語がなかなか出てこない方にもぴったりの内容です。

英会話の基礎力アップテキスト１ 初級 実践

　英語のリスニングやスピーキングを伸ばしたい方におすすめ。英語とイメージを結びつける実践教材です。ニュアンスだけでなく、英単語のコアイメージも学ぶことができます。

　本教材ではセクションごとに動画教材を用意しており、「とりあえず動画を再生する」ことで一通りの学習ができるようになっています。なかなか英語学習が継続できないとお悩みの方、ぜひお試しください。

※本教材は英会話教材『英会話エクスプレス６ヶ月コース』を改定し、一般書籍化したものです。

著者紹介

遠藤雅義　Masayoshi Endo

1980年生まれ。徳島県出身。東京大学理学部数学科卒。現在、英語関連書籍、教材の開発を手掛ける株式会社アイディアミックス代表。2012年から在野で英語研究を開始する。専門は認知言語学。著書に『英会話イメージリンク習得法』『英会話イメージトレース体得法』『中学英語イメージリンク』『英会話の基礎力アップテキスト1』（英会話エクスプレス出版）などがある。

マイクラ英会話のすすめ
遊びながら英会話のスキルアップ！

2024年3月13日　第一刷発行

著　　　者	遠藤雅義	
発　行　人	遠藤雅義	
発　行　所	英会話エクスプレス出版（株式会社アイディアミックス内事業部）	
	〒770-0845　徳島県徳島市新内町1-6 ダイアパレス新内町204	
	TEL　050-3555-9282（株式会社アイディアミックス代表番号）	
ホームページ	https://www.english-speaking.jp/	

印刷・製本所　シナノ印刷

ISBN 978-4-9907223-4-0 C0082 Copyright 2024 Masayoshi Endo Printed in Japan